Moritz von Schwind, Eduard Friedrich Mörike

Briefwechsel zwischen Moritz von Schwind und Eduard Mörike

Moritz von Schwind, Eduard Friedrich Mörike

Briefwechsel zwischen Moritz von Schwind und Eduard Mörike

ISBN/EAN: 9783743693357

Hergestellt in Europa, USA, Kanada, Australien, Japan

Cover: Foto ©ninafisch / pixelio.de

Weitere Bücher finden Sie auf **www.hansebooks.com**

Briefwechsel

zwischen

Moritz von Schwind

und

Eduard Mörike.

Mitgeteilt

von

J. Baechtold.

Leipzig 1890.
Verlag des Litterarischen Jahresberichts
Artur Seemann.

Einleitung.

Aus den Biographien Schwind's und Mörike's ist im allgemeinen bekannt, daß der große österreichische Maler und der große schwäbische Dichter treu zueinander gehalten haben. So späten Datums die erste briefliche Verbindung der beiden, damals bereits den Sechzigen sich nähernden Männer gewesen ist, um so schneller und fester nahm sie den Charakter einer innigen Freundschaft an. Aus der Ferne witterte Einer den verwandten Geisteshauch des Andern. Beide begegneten sich in der Freude an der Romantik, in der tiefen Zurückgezogenheit in die Wunderwelt der Phantasie, in der Vorliebe für das Märchen, für das Belauschen der Natur, kurz für alles, was lieblich ist und wohllautet. In den Werken des Einen wie des Andern waltet die reine Schönheit und Anmut und göttlicher Humor.

Mörike bedauerte oftmals, nicht Maler geworden zu sein. Nach seinen Zeichnungen zu urteilen, hätte er das Zeug dazu wohl gehabt. Seinem Malerfreund aber den Namen eines Dichters im höchsten Sinne des Wortes zuzuerkennen, war Niemand bereitwilliger als er. Und noch auf einem Gebiete trafen sie sich gelegentlich, in der „Andacht zum Unbedeutenden", welche für Mörike's Art so charakteristisch ist und welche auch einen Schwind dazu begeistern konnte, seine reizenden Pfeifenköpfe, die Wirtshausschilder oder jene allerliebste Serie von Hausgeräten zu zeichnen. Wie Schwind, der intime Jugendfreund Franz Schubert's, der Vertraute Franz Lachner's, einmal die charakteristische Äußerung that: „Einen Mund voll Musik muß Einer täglich haben", so war ihm, dem Mitschüler Lenau's und Bauernfeld's, auch die Poesie ein Lebensbedürfnis. Der mächtige Einfluß, welchen Musik und Dichtkunst auf Schwind's Werke ausgeübt haben, ist oft hervorgehoben worden. Wie hätte er dem Dichter, der die klassische Mozart-Novelle geschrieben, fern bleiben können! Ein feinsinniger Kenner echter Poesie, fühlte er sich von dem größten Lyriker der neuern Zeit wunderbar berührt. Mörike war, als 1863 die Beziehungen zu Schwind angeknüpft wurden, literarisch fertig. Er lebte in still beschaulicher Zurückgezogenheit zu Stuttgart oder in seiner schwäbischen Sommerfrische. Umsonst war alles Zureden Schwind's zu neuer Produktion. Mörike's Muse schwieg. Selbst das Briefschreiben war ihm eine höchst „zuwidere Geschichte". Gerieth er jedoch einmal in den Zug, so entstand einer jener herrlichen Briefe, wie ihn unsre Nummer 11 zeigt. Schwind dagegen, der Mitteilsame, der unerschöpflich Schaffensfreudige (seit 1847 Akademieprofessor in München), arbeitete gerade in diesen Jahren der Freundschaft zu Mörike an seinen großen Werken, wie an den beiden Freskencyklen für das neue Opernhaus in Wien; sodann fällt in diese Zeit sein „Märchen von der schönen Melusine."

Schwind war ein enthusiastischer Verehrer von Mörike's Dichtungen und hat eine Reihe derselben mit seinen anmuts- und humorvollen Illustrationen versehen. Keine aber hat den Beschenkten mehr gefreut, als das eine Blatt: „Das Pfarrhaus in Cleversulzbach", welches eine Reihe von Motiven aus den Gedichten Mörike's mit dem Familienleben des Dichters so zart und innig vereint. Schwind hat Mörike wiederholt besucht, in Stuttgart, oder in der Einsamkeit zu Lorch und Nürtingen; dagegen ist es Mörike nie geglückt, bis nach der bajuwarischen Residenz zu gelangen.

Der echte Moritz von Schwind lebt in den nachstehenden Briefen, unschätzbaren Selbstzeugnissen zur Kenntnis des Menschen und des Künstlers. Bald derb lustig und gutmütig polternd, bald sarkastisch heftig — einiges dieser Art mußte unterdrückt werden — sind dieselben von Mörike selbst zu seinen köstlichsten Schätzen gezählt worden, und es war eine seltene Feierstunde seines späteren Lebens, wenn er einem vertrauten Freunde eine Epistel des Meisters Moritz vorlas. Leider sind die Antworten Mörike's bis auf wenige Nummern nicht mehr vorhanden.

Die Schwind-Briefe verdanke ich der hochverehrten Witwe Eduard Mörike's; vier Briefe von Mörike an Schwind hat mir des letztern Schwiegersohn, Herr Justizrat Dr. Siebert in Frankfurt a/M., freundlichst mitgeteilt.

1. Schwind an Mörike.

Hochverehrter Herr!

So muß es mir gehen. Wenn mir je was eine rechte Freude gemacht hätte, so wär' es, Ihnen, dem ich so viele schöne Stunden danke, eine kleine Freude zu machen, so geht's nicht. Daß ich Ihr unvergleichliches Gedicht[1]) immer wieder gelesen, daß mir die zarte, kränkliche, sinnige Griechin ganz an's Herz gewachsen ist, können Sie sich denken. Daß es an und für sich kein übles Bildchen wäre, ein so liebliches Wesen am Putztisch, auch mit dem Ausdruck einer allgemeinen Bangigkeit hinzustellen, das ist kein Zweifel, und wenn Ihnen damit gedient ist, will ich mich gleich mit allem Eifer dran machen. Aber es wird aus dem Bilde nie zu lesen sein, was in Ihrem Gedichte geschrieben steht. Ganz abgesehen von dem kleinen Format, das solche äußerste Feinheiten im Ausdruck so gut als unmöglich macht, halte ich es für unmöglich, das Unheimliche, das sie in ihrem Auge bemerkt, und ihr Stutzen darüber zugleich sichtbar zu machen. Wäre es ein weniger zartes und un=

---

1) „Erinna an Sappho." Es scheint, daß Mörike zu diesem Gedichte eine Illustration von Schwind für die Stuttgarter „Freya", die Moritz von Hartmann damals redigirte, gewünscht hat.

berührbares Ding, so wäre ich bald fertig, ich hielte mich an das höchst sichtbare Sprichwort: „Der Tod schaut ihr über die Achsel." Aber sagen Sie selbst, ob das nicht unerträglich plump und grob ist gegen Ihr Gedicht. Es ist aber nicht anders. So gut es Gedichte gibt, denen man schaden würde, wenn man sie in Musik setzt, so gibt es Gedichte, die so fein sind, daß sich ein Maler sicherlich blamirt, wenn er meint, dergleichen Hauche von Empfindungen ließen sich sichtbar machen. Haben Sie denn gar nichts, wo irgend etwas vor sich geht? seien es so kolossale Dinge, wie sie „der sichere Mann" verrichtet, oder so einfache und heilige wie die schöne Dorothea.[1]

Übrigens wenn Ihnen vielleicht der Zeitschrift gegenüber, oder sonst aus einem Grunde damit gedient ist, so werde ich mich nicht lange zieren. So gut als ein anderer mach' ich's auch, aber ich möchte in Ihren Augen nicht als ein Hasenfuß erscheinen, der sich etwa einbildete, da was Rechtes zu leisten, wo man doch wissen muß, daß es nicht geht. Entscheiden Sie also nach Gutdünken. Ihnen zu lieb thut man auch einmal das Kleinste.

Da ich jetzt doch einmal das Recht habe, an Sie zu schreiben, verehrter Herr, so frage ich auch an, ob es denn gar nicht denkbar ist, Sie einmal nach München zu persuadiren. Ich weiß, daß Sie sich für meine Arbeiten ein wenig interessiren, und es wäre für mich von sehr großem Wert, gerade Ihnen ein neues Werk vorzureiten, bevor

---

[1] „Erzengel Michaels Feder."

wir es in die Welt hinausschicken. Es sind gegen 40 lyrische Bilder, die etwa unter dem Begriff „Reisebilder"¹) ein zusammengehöriges Ganze bilden. Wenn Sie mit einer leiblichen Herberge, einem bescheidenen Tisch und einem Glas Bier sich bescheiden wollen, so hätten Sie nichts zu thun, als in Stuttgart ein= und in München auszusteigen, das übrige würde ich besorgen. Ich mache mir aber wenig Hoffnung. An dem guten Fellner²) habe ich mich halbtodt gebettelt, und ihn nicht vom Fleck rühren können und man sagt Ihnen auch nach, Sie seien über die Maßen ansäßig. Jedenfalls aber wird mich die erste Ahnung des Frühjahrs nach Frankfurt treiben, wo eine Tochter von mir verheiratet ist, und da werde ich mich nicht abweisen lassen, Sie ein paar Stunden mit meiner unheiligen Gegenwart zu plagen.

Bitte also, über mich zu disponiren und verbleibe mit der aufrichtigsten Verehrung

Ihr ergebenster Schwind.

München, 17. Dec. 1863.

---

1) Vgl. C. v. Wurzbach, biogr. Lexikon des Kaiserthums Österreich 33, 148 Nr. 47.
2) Maler Ferdinand Fellner 1799—1859.

2. Schwind an Mörike.

Sehr verehrter Herr und Freund!

Ich bin abwechselnd in der Stadt und auf dem Lande; so kömmt es, daß ich eine Zusendung später erhalte, und arbeite an zwei Sachen zugleich, mit dem größten Eifer; daher kömmt es, daß ich mit Briefschreiben gewaltig zurückbleibe, ja nahe daran bin, Bankrott zu machen.

Ich bin Ihnen von Herzen dankbar, daß Sie bei Versendung des Anacreon[1]) an mich gedacht haben; habe mich auch gleich daran gemacht, ihn zu lesen, worin ich auch bis zu den Anacreonticis gelangt bin. Ich will Ihnen nur aufrichtig gestehen, daß mich Ihre Vorrede noch mehr angezogen hat, als die treffliche Uebersetzung der Gedichte. Erstens staune ich, was Sie für ein gelehrter Herr sind. Zweitens dachte ich: an den Anacreonteen ist es so schön, wie Sie bemerken, daß alles erlebt ist, die Lori und Sopherl und Mirl von Lesbos und Chios, nirgends wird eine vor tausend Jahren einbalsamirte Aegyptierin besungen, und schließlich dachte ich: es lebe Deutschland, das alte, gelehrte, versessene Deutschland, das nie zugreifen kann und wenn man ihm's um's Maul schmiert. Nehmen Sie mir's nicht übel, aber es wird Einem schlimm, wenn ein Mann wie Sie Zeit hat zu übersetzen, und vollends eine Uebersetzung nebst Zubehör für

---

1) Anakreon und die sog. Anakreontischen Lieder 1864.

den Druck herzurichten. Wenn uns diese Arbeit ein einziges Gedicht von Ihnen kostet, so ist der ganze Anacreon zu theuer bezahlt. Ich tröste mich damit, daß etwa die Beschäftigung mit den Alten Sie zu der unvergleichlichen „Erinna" veranlaßt hat. Sagen Sie selber, ob ein so schönes Gedicht im Anacreon steht? Ich glaube es nicht. Doch genug von Sachen, die ich vielleicht nicht verstehe, und bei denen ich von einer nicht geringen Wuth beeinflußt bin, die ich nicht los werden kann, über den Schaden, den der ganz unberechtigte Vorzug der Antike mit allen seinen Folgen in unsrer Kunst angerichtet hat, und noch anrichtet. Es ist beiläufig eben so viel, als seiner Zeit die Unterdrückung der deutschen Sprache durch die lateinische.

Im Frühjahr habe ich meine Reise zu meiner Tochter nach Frankfurt glücklich so eingerichtet, daß mich mein Weg über Stuttgart brachte, und schon dachte ich, es würde mir mein sehnlicher Wunsch gewährt werden, Sie zu sehen. Ich war aber von den unzähligen Besuchen in Frankfurt und Carlsruh so auf dem Hund, ja beinahe krank, daß, als man mir noch sagte, es sei wegen obwaltendem Pferdemarkt wohl schwer, ein Unterkommen zu finden, ich in Gottesnamen weiterfuhr, mich getröstend, aufgeschoben sei nicht aufgehoben. Ihnen gegenüber, der von seinem Haus gar nicht wegzubringen ist, kann ich auch geltend machen, daß ich wohl wegzubringen bin, aber nach ein paar Wochen Abwesenheit mit Gewalt nach Haus verlange. Der Buchhändler, den Sie mir zugeschickt haben, ist ein Curiosum. Um Ihrer Empfehlung Ehre zu machen, ließ ich mich auf einen ganz schäbigen Handel mit ihm ein, glücklicher Weise mit dem Vorbehalt, den ich immer mache: da ist die Sach', da ist das Geld. Es kam aber nichts, und ebenso bei Freunden, die ihm die Sache gegeben haben. Ich kann also nichts dafür, wenn er über mich schimpft. Freund Scherzer[1]) habe ich gesprochen, und bei mir auf dem Atelier gehabt. Wie Sie wohl denken, war von Ihnen viel die Rede.

Leben Sie recht wohl, entschuldigen Sie mein unzusammenhängendes Gefabel, und seien Sie meines besten Dankes und größten Verehrung für immer versichert.

Ihr ergebenster Diener und Freund

M. v. Schwind.

Nieder Pöcking, 21. Sept. 1864.

---

3. Schwind an Mörike.

Sehr verehrter Herr und Freund!

Ich befinde mich seit acht Tagen in einer unfreiwilligen, aber ganz behaglichen Vacanz. Eine Verkältung, die ich mir zugezogen, und die aussah, als wollte sie eine niederträchtige Grippe werden, hat sich durch Zuhausebleiben und Warmhalten in einen harmlosen Schnupfen aufgelöst, und ich habe den Profit davon, aus dem verwünschten Tag-

1) Der Musiker Otto Scherzer.

werk herausgekommen zu sein, Studien zu zeichnen, die ich nicht recht sehe, und mit grauslicher Kohle zu zeichnen, von der man ganz schwarz wird, zu ändern, zu feilen, und mich zu ärgern, kurz, was man in diesem Leben Carton zeichnen heißt. Dieses verteufelte Geschäft treibe ich jetzt im dritten Monat, und froh, daß mich das Schicksal ein wenig zur Ruhe gesetzt hat, so habe ich doch Zeit einzusehen, daß ich mich bereits ganz dumm gearbeitet habe, und eine kleine Abwechslung das Beste sein wird, was ich mir anthun kann. Sie waren so freundlich, es eine Inspiration zu nennen, einmal der „Zauberflöte" zu Leib zu gehen, aber ich habe genug an der Inspiration; ich bin halb ersoffen in der Inspiration, das Ding nimmt kein Ende und ist immer nicht schön genug — also lassen wir's ein wenig ruhen, da doch das Schwierigste überwunden ist, und denken wir daran, das Leben wieder ein wenig aufzuputzen und neue Freude in die Wirthschaft zu bringen. Wenn ein Acker so und so viel Teufelszeug hergegeben hat, um Frucht zu tragen, so muß er eben so und so viel Teufelszeug — die chemischen Ausdrücke sind nicht zu merken — wieder zurückbekommen, sonst hat das Fruchttragen ein Ende. Eben so wenn Unsereiner so und so viel Vernunft hergegeben, muß wieder so und so viel Vernunft nachgeheizt werden, sonst macht man dummes Zeug. Bitte sich also zu erinnern, daß bei unserm fröhlichen Beisammensein Sie, mein verehrter Freund, das Ansinnen, sich einmal nach München zu bringen, nicht ganz von der Hand gewiesen haben. Ich melde mich bei Zeiten und sage Ihnen ganz bescheident=

lich, daß ich für Ostern meine Gedanken in dieser Richtung fleißig spazieren gehen lasse. Sie werden Ferien haben, werden hier mit Kirchenmusik regalirt, wie nirgends, erleben am Palmsonntag ein Concert, und was mich betrifft, hoffe ich Ihnen sowohl „Zauberflöte" als „Reisebilder" fertig vorführen zu können. — zwei und siebenzig Nummern. Was meinen Sie? Sie haben manchen braven Kerl hier zum Freunde — ich habe schon an dem Speiszettel gearbeitet, wenn Sie ein Dutzend zu Tisch laden wollen. Der grimmige Scherzer pflegt um Ostern auch hier zu sein. Lassen Sie sich etwas zureden. Wahrscheinlich sehe ich Sie noch vorher, denn die Frau Tochter wird nächsten Monat in die Wochen kommen. Ist es ein Bub, soll ich Gevatter stehn, ist es ein Mädel, reise ich jedenfalls hin, dessen Bekanntschaft zu machen. Sie entgehen mir also doch nicht. Jetzt leben Sie recht wohl, verehrter Freund, empfehlen Sie mich der Frau Gemahlin und den kleinen Töchterln, von denen Sie eines mitbringen sollten. Ich habe auch ein 9=jähriges Ding im Haus.

Ihr ganz ergebenster
M. v. Schwind.

M. 16. Febr. 1865.

4. Schwind an Mörike.

Hochverehrter Freund!

Wenn das neue Jahr nicht dazu da wäre, um bei seinen Freunden wieder anzuklopfen, so könnte es mir eigentlich gestohlen werden. Ich habe der neuen Jahre schon so viele auf dem Buckel, und sie fangen an so schnell zu verlaufen, daß deren Schluß, von mir aus, immer zu schnell kommt. Item aber es ist so, und sein wir froh, daß wir gesund und thätig wieder so lang ausgehalten haben.

Im September schrieb ich Ihnen, und war veranlaßt abzureisen und zwar direkt nach Leipzig. Dort machte ich schlechte Geschäfte; denn mein Mäcen, statt einigermaßen anzuerkennen, mit welchem Eifer ich mich seinen Aufträgen hingegeben, legte sich auf's Zweifeln und Criteln, was ich doch eigentlich nicht mehr gewohnt bin, so daß ich ihm (und das zu meinem Heile) erklärte, wir wollten die ganze Sache gut sein lassen. Zu meiner großen Freude machte ich die Bekanntschaft des alten Musikus Hauptmann, den in des alten Seb. Bach Wohnung mit einer liebenswürdigsten Familie zu sehen, eine Freude für's Leben ist. Nach Berlin zu unserm alten Cornelius zu gehen, war mir nicht gegönnt; denn ein Unwohlsein, das auf der Reise des Teufels ist, jagte mich in einer Nachtreise zu meiner Tochter, wo ich mich wieder herstellte, und einen Tag um den andern liegen blieb, so daß für Stuttgart die Zeit versäumt war. Zu

Hause angekommen, fand ich Ihren freundlichen Brief. — Versäumt war's! Ich machte mich an eine Arbeit, die ich vor meiner Abreise schon in Gang gebracht hatte, eine Reihe von Gerätschaften. Spiegel, Uhren, Tintenzeuge u. b. gl., gegen 60 Stücke[1]). Sie waren fertig und ich war wieder daran, zu Ihnen zu fahren, als mir die Ankunft eines österreichischen Hofraths angekündigt wurde, und zwar dessen, der die Theater-Angelegenheit besorgt. Er kam an, und ich übernahm die Herstellung von 14 Bildern für das Foyer. Da hieß es denn gleich niedersitzen und tapfer arbeiten, was auch ganz gut gelang. Am 11. Nov. war der Contract gemacht am 6. Dec. reiste ich nach Wien, und am 9. legte ich die ganze Geschichte dem Kaiser vor. Gott sei Dank, lief Alles gut ab; höchsten Orts, bei Minister, Comite — und allen Freunden. Vor Weihnachten kam ich zurück, und seitdem ist eine Wirtschaft, mit Anstalten und Briefschreiben, daß ich erst heute dazu komme, Ihnen die Geschichte meiner Irrfahrten, mein Leidwesen über den versäumten Besuch und meine guten Wünsche für Ihr und der Ihrigen Wohlergehen in meinem lehrreichen und berühmten Briefstil zu unterbreiten. Ohne von Zeit zu Zeit einen Brief von Ihnen zu bekommen, halte ich für ein sehr zurückgekommenes und verarmtes Leben, und mir sagen zu müssen, daß Sie nichts mehr von mir wissen wollen, hieße soviel — es wird aber nicht so sein. Sie werden

---

1) Die Entwürfe aus dem Gebiete der Kunstindustrie meist für die Kunstgewerbeschule in Nürnberg. Vgl. C. v. Wurzbach, biogr. Lex. 33, 166.

mir wieder einmal schreiben und wenn der ärgste Tratsch vorbei ist, werden wir uns auch wiedersehen. Heute habe ich auch die Cartons für die neue Arbeit angefangen, und soll so ein froher Tag mit dem freundlichsten Gruß an Sie und die Ihrigen schließen.

Ihr aufrichtigst ergebener

M. v. Schwind.

M. 7. Jan. 1866.

5. Schwind an Mörike.

Amice doctissimus!

S. V. B. E. E. V.[1]

Possibiliter jam habebis per viam ferream acceptum paccetum cum imaginibus, quas pinxi in castello expectante, quod barbari dicunt Vartburg, et narrationem de septem corvis aut sorore fideli. Spero, quod tibi faciunt aliquid gaudium et adjunxeris eas collectioni tuae. Insuper venit in hac litera facies mea ad memoriam perpetuam. Dies in societate et in atriis tuis it super millia et plango solummodo unum, quod impediti praesentia hospitum non possuimus loquare de illustrationibus musicalibus,

1) Si vales, bene est, ego valeo.

worüber ich gerne Ihre Meinung eingeholt hätte. Nehmen Sie mir nicht übel, daß ich Ihnen ein sehr übel gerathenes Exemplar von den „7 Raben" schicke; ich habe aber kein anderes mehr und neu kostet der Spaß 45 Fl. Die lassen Sie sich nicht schenken.

Ich bin sehr froh, daß Sie durch meinen frühen Auszug nicht in Ihrem Schlaf gestört worden sind. Der Morgen mit seinem frischen Nebel war sehr angenehm. Zu Haus fand ich Alles wohl, und See und Wald gefallen mir besser als je. In das Arbeiten mit der Brille muß ich mich nach und nach finden. Den ganzen Sommer habe ich keine gebraucht. Hoffentlich imponirt Ihnen die Probe einer reinen Latinität, mit der ich mein Schreiben eröffnet habe, so weit, daß Sie mir die lateinischen Zeilen, mit denen Sie mein altes Bildchen so trefflich exponirt haben, aufschreiben und zuschicken. Ich habe diesmal ein sehr einfaches Mittel angewandt, mir über das Einpacken wegzuhelfen; ich habe nämlich zu Einem gesagt: Sein Sie so gut und packen Sie das ein, Adresse H. D. etc. Das könnten Sie auch thun.

Jetzt bedanke ich mich auch für genossene unvergleichliche Gastfreundschaft und wünsche nur, ich könnte sie recht bald erwidern oder wieder in Anspruch nehmen, wozu aber vor der Hand wenig Aussicht ist. Bitte der Frau Gemahlin, die weiß Gott Mühe genug gehabt hat, und der nicht minder geplagten Frl. Schwester meine schönsten Empfehlungen, und den zwei kleinen Wesen meine schönsten Grüße. Meine kleine Helene wäre sehr begierig

sie kennen zu lernen. Veniant solummodo cum patre et
matre, habemus lectos et cammeras.
Cum respecto egregio
amicus et servus
M. v. Schwind.
Auferrat diabolus omnes pennas ferreas!

Nieder Pöcking bei Starnberg, über München.
6. Sept. 1866.

6. Schwind an Mörike.

Verehrter Freund!

Wissen Sie, daß ich anfange, Angst zu kriegen, ich hätte Sie mit meinem närrischen Briefe, oder noch schlimmer mit der Zusendung des etwas schäbigen Exemplars gekränkt oder gar beleidigt? Und können Sie sich was anderes denken, als daß das eine mindestens sehr katzenjämmerliche Beigabe zum Leben ist? Es wäre ziemlich, um aus der Haut zu fahren. Ein Brieflein, in dem gar nichts stünde als „nein", könnte diesen Sorgen ein Ende machen.

Was sagen Sie zu einem Beitrag zur „Freya?" Ich kann ohne Ihre Zustimmung nicht dran denken, einen Schritt in der Sache zu thun, denn es ist, was man in der Poesie nennen würde: „Ode an Mörike" oder so was drgl.; in unsrer Kunst hat man für nichts einen Namen, weil man seit Jahren auf Historie und Genre herumreitet, wobei kein Mensch weiß, was er dabei denken soll. Nebenbei wäre es gar nicht zu verachten, wenn derselbige Vischer hin und her eine Verständigung zwischen meinen Arbeiten und dem verehrlichen Publicum versuchte — und bei dieser Gelegenheit könnte man sehen, ob er sie selber lesen kann, oder lesen können will.

Es muß an der Zeichnung noch etwas gemacht werden, was hier heraußen nicht gemacht werden kann, sonst schickte ich sie gleich mit.

Es liegt mir übrigens gar nicht viel dran, ob die Arbeit in die Welt kommt oder nicht; ich bin vollkommen zufrieden, daß ich wieder etwas Lyrik gekostet habe.

Das Wetter ist bei uns dermaßen schön, daß ich mich noch nicht entschließen kann, in die Stadt zu gehen, die mir nebenbei gesagt, seit ich wieder in Wien war, äußerst schäbig vorkommt.

Ich bin mit meiner Frau ganz allein auf Malepartus, der Feste, zeichne nach Bequemlichkeit und gehe am See und im Wald spazieren. Hol der Teufel alle Politik und allen Patriotismus dazu! Wenn die Hanswursten nichts können als Scheibenschießen und Männer=Quartette plärren, so sollen sie's haben!... Empfehlen Sie mich der Frau Gemahlin und Frl. Schwester allerbestens, umarmen Sie die prächtigen Mädeln und wenn Sie die verfluchten Pho=

tographien ärgern, schmeißen Sie's in's Feuer oder in's Wasser und lassen Sie uns wieder gute Freunde sein!

Ihr aufrichtigst ergebener
M. v. Schwind

Nieder Pöcking, 1. Oktober 1866.
München, Sonnenstr. 23.

---

7. Schwind an Mörike.

Sehr verehrter Freund!

Ich war so froh, Ihren Brief zu bekommen und jetzt bleib' ich wieder mit dem Schreiben stecken. Eine plötzliche Ordre des Königs, die nicht gut abzuweisen war, kostete mich die Zeit, die ich gebraucht hätte, die dritte „an Mörike" gerichtete Zeichnung fertig zu machen. Jetzt muß ein Carton fertig werden, damit die Wiener Arbeit nicht in's Stocken kommt, und so dürfte es noch ein paar Wochen dauern, bevor die Sendung abgehen kann. Wenn man Ihnen Statue setzte, so müßte am Sockel auf einer Seite — um den Umfang Ihrer dichterischen Kraft anzuzeigen — „der sichere Mann" angebracht sein, der mit der Kohle in sein scheuerthorenes Buch schreibt, mit des Teufels Schweif als Merkzeichen, und auf der andern „schön Dorothea" mit der Feder des heiligen Michael schreibend, was sie selbst nicht weiß. Es ist also eine Zeichnung ohne die andere nichts Rechtes, und die letzte verlangt einen nicht geringen Grad von Feinheit der Ausführung. Ich werde aber schon dazu kommen und dann die Schmerzen des Einpackens tapfer überwinden.

Herrn Vischer — aus Tübingen habe ich leider sehr kurz gesehen; er war aber in meinem Atelier und hat Ihnen vielleicht einiges erzählt, was da gemacht wird. Mit Kaulbach habe ich einen langen Diskurs über Sie gehabt. Nebst Verehrung und Hochschätzung im höchsten Grade, ist er doch der Meinung, daß Ihnen einige Reiseluft, wenigstens von Stuttgart bis München, sehr wohl anstehen würde. Sie sollten's ganz haben, wie Sie wollten. Still, spektaculös, in allen Abstufungen. Jetzt seien Sie freundlich und empfehlen mich Ihren großen und kleinen Damen auf's beste, so wie dem Herrn mit der bredella!

Ihr ganz ergebenster
M. v. Schwind.

München, 3. Nov. 1866.

---

8. Schwind an Mörike.

Verehrter Herr und Freund!

Ihr freundlicher und liebenswürdiger Brief traf mich in der angenehmen Situation, daß ich mir eben sagen konnte: jetzt hat der König sein Sach', und der 4te Carton ist auch fertig, da kann ich mich endlich hinsetzen, und die stumme

Jüdin[1]) zurecht zeichnen. Solches ist benn auch geschehen und ich lasse die Sachen nur noch aufziehen, dann kann ich sie Ihnen schicken. Sie werden bann sehr bringlich gebeten zu erklären, ob die Sachen Ihnen gefallen und ob Ihnen mit der Vervielfältigung für die „Freya" gedient ist oder nicht. Und da müssen Sie sich gar nicht geniren. M. Hartmann[2]) wird sich meiner wohl noch erinnern, wenn es nämlich derselbe ist, in dessen Gesellschaft ich einmal die belgisch-holländische Grenze passirt habe unter Mitwirkung eines fürstlich Schwarzenbergischen Depeschen-Packets.

Von Vischer habe ich etwas anderes erwartet, nämlich irgend eine Anordnung hinsichtlich der betreffenden Zeichnungen. Kaiser[3]) ist ein Heide, sonst müßte er sich drum reißen, etwas, das Ihnen und Ihren Freunden Freude machen kann (wenn es nämlich der Fall ist), zu photographiren; der hält sich eben an Dürer und Raphael, weil die kein Honorar mehr verlangen. Jetzt warten wir ab, was Sie sagen. Vous Monsieur, vous aurez sans doute une copie — parce que ma femme sich die Haare ausrupft, wenn ich die Zeichnungen weggäbe. Sie gelten nämlich unter unsern Freunden für meine allerschönsten Arbeiten — auch gut. Was ist denn mit „König Rother?" Haben Sie ihn bearbeitet? Das wäre freilich anziehend. Lassen wir ihn nicht aus den Augen. Von Herzen gratulire ich zu Ihrem otio cum honore; der Teufel soll den

---

[1] Dorothea in „Erzengel Michaels Feder".
[2] Moritz H., Herausgeber der „Freya".
[3] Stuttgarter Photograph.

dummen Mädeln Verse machen lehren!¹) Ich habe auf der Akademie auch ein Ende gemacht und erklärt, daß ich mit zwanzig Jahren gerade genug habe; sie sollen mich pensioniren oder was sie wollen, am liebsten mit doppeltem Gehalt, eine Maßregel, die gewiß sehr großen Anklang fände. Sie thun aber das eine und das andere nicht, und so lassen wir's beim Alten. Für unsern jungen König²) habe ich müssen die Weber= Marschner= und Gluck'sche Lunetten in Farben ausführen, alles, ohne ein Wort miteinander zu sprechen. Ich schiebe meine Arbeit bei einer Thürspalte hinein, und bei der andern kommt das Geld heraus — das ist eigentlich ganz angenehm. Deßgleichen habe ich seit Oktober 4 Cartons gezeichnet, was auch gerade keine Kleinigkeit ist. Jedenfalls werde ich ziemlich auf den Hund kommen, bis alles fertig ist, und einer Erholung bedürfen, wovon wir ein paar Tage in Stuttgart absitzen wollen. Gott sei Dank, wird der Tag länger. Leben Sie recht wohl, empfehlen mich Ihren großen und kleinen Damen, und machen's mit den Zeichnungen gnädig. Ihr ergebenster Freund

Schwind.

München, d. 17. Jänner 1867.

---

1) Auf Mörike's Rücktritt als Lehrer am Katharinenstift.
2) Zwölf große, leicht aquarellirte Zeichnungen, im Ganzen Wiederholungen des Wiener Opern=Cyklus. Vgl. C. v. Wurzbach 33, 145 f.

9. Mörike an Schwind.[1])

Verehrtester Herr und Freund! Ihre herrliche Sendung ist glücklich bei mir eingetroffen und Alles ist davon bezaubert! Ein ausführliches Schreiben darüber, das Ihnen zunächst meine Eindrücke schildert, liegt nur halb fertig neben mir; ich wurde mitten drin durch eine angeknüpfte Unterhandlung wegen Ankaufs der 3 Blätter unterbrochen und schreibe diesmal nur das praktisch-Nöthige in aller Eile. — Soeben war H. Dr. M. Hartmann, dem ich die Zeichnungen durch sichere vertraute Hand vorlegen ließ, bei mir. Er hatte, eh' er noch das Mindeste von diesen wußte, vor ungefähr 8 Tagen den Chefs der Cotta'schen Buchhandlung, als deren erster, alles geltender Berather, aus eigenstem Antrieb und ohne mein Vorwissen den Vorschlag zu einer illustrirten Ausgabe meiner Idylle von dem „alten Thurmhahn" gemacht. Man schien nicht abgeneigt, „allein — frug man — wo kriegen wir dazu so bald den rechten Mann"? Herr Hartmann nannte auf der Stelle Sie und gab den Herrn die Sache zur weiteren Überlegung. Nun kommen Ihre trefflichen Blätter — merkwürdiges Zusammentreffen! Hartmann will seinen Antrag jetzt eindringlich und zwar mit erweitertem Plan wiederholen. Es soll nach seiner Meinung ein ganzes Heft Darstellungen, da-

---

1) Nach Empfang der später bei Bruckmann in München photographisch veröffentlichten reizenden drei Blätter: „das Pfarrhaus in Cleversulzbach", „Erzengel Michaels Feder", „der sichere Mann" geschrieben.

runter etwa 4 aus gedachter Idylle, 5—6 weitere nach andern Stücken meiner Sammlung, vorab Ihre „Rahel", Ihr „Sicherer Mann" und die Pfarr=Garten=Scene zu= sammengestellt werden. Neben dem vollständigen Heft würde „der Thurmhahn", auf welchen es Hartmann seiner grö= ßeren Popularität wegen vorzüglich abgesehen hat, beson= ders ausgegeben. Es fragt sich nun, ob Sie, Verehrtester, im Fall die Buchhandlung sich zu diesem Unternehmen bereit erklären sollte, die Bilder liefern wollten? Ich fürchte nur, Sie haben nicht die Zeit zur ganzen Serie! Vielleicht aber doch zu 2—3 Stücken (Balladen oder dergl.)? Zwar Hartmann ist der wünschenswerthen Einheit des Charakters wegen nicht für eine Theilung zwischen ver= schiedenen Künstlern. Was sagen Sie dazu?

Für ein Journal wie die „Freya" sind Ihre 3 Zeich= nungen schlechterdings nicht. Sie gibt nur Holzschnitte, wenn's hoch kommt Kupfer= oder Stahlstich, und wie das in der Regel wird, weiß man. Ein Minimum in Ihrer Zeichnung vom Stecher verhunzt, ein Punkt, ein Hauch verwischt, wäre zum Heulen! Die Photographie ist der einzige Weg.

Die Cotta'sche Buchhandlung macht eben jetzt Anstalt zur 4. vermehrten Auflage von meinen Gedichten. Wird etwas aus den Illustrationen, nach dem gedachten Plan, in Bälde, so könnte Buch und Bildwerk, eines dem andern helfen.

M. Hartmann ist eben der, von dem Sie schreiben. Mit Vergnügen erinnert er sich jener gemeinschaftlichen

Reise; ich soll Ihnen die schönsten Empfehlungen sagen. In einigen Tagen schreibe ich wieder. Wenn Sie inzwischen so freundlich sein wollten, uns auf obige Frage vorläufig etwas zu erwidern, wäre es recht gut. Ihre Blätter werden natürlich auf's beste geschont. Frau von Schwind that wahrlich sehr wohl daran, sie nach gemachtem Gebrauch wieder zurück zu fordern. Ich schließe mit den herzlichsten Empfehlungen von uns Allen.

Ihr ganz ergebener
Mörike.

Stuttg., den 2. Febr. 67.

Sie machen uns ja Hoffnung, Sie noch vor dem Frühjahr hier zu sehen — das wäre sehr schön!

10. Schwind an Mörike.

Verehrtester Herr und Freund!

Die Hauptsache ist, daß Sie die Sachen richtig erhalten haben, und daß sie Ihnen gefallen. Der Cotta'sche Antrag scheint Ihnen Freude zu machen und da bin ich bereit, drauf einzugehen, obwohl ich mit den Zeichnungen andre Dinge vorhatte, die durch eine Vervielfältigung in der „Freya" nicht gestört worden wären. Fragt sich also nur, ob ein ordentliches Honorar geboten wird. Mit meiner

Zeit steht's freilich schlecht, noch mehr aber nehme ich An=
stand, irgend etwas Künstlerisches zu accordiren. Man gibt
das Recht aus der Hand, es weg zu werfen, wenn es nicht
genügend ausfällt. Das wird vor der Hand genug
sein, nebst einem schönen Gruß Hr. M. Hartmann aus=
zurichten.

Auf Ihren Brief freue ich mich sehr. Es wird damit
gehen, wie mit einer Recension, die der alte Goethe über
gewisse Holzschnitte von mir geschrieben hat; sie ist zehnmal
schöner als meine Bilder [1]).

Ich arbeite fort, wie in einem Tretrad, und bin
noch immer nicht so weit mit freiem Kopf, an was anderes
zu denken.

Photographie ist auch keine Sicherheit; wenn das Glück
gut will, so verderben sie's grad so wie die Holzschneider
und Kupferstecher. Geben Sie acht, wenn's drum und
dran geht, wird alles anders gewünscht werden — ich habe

---

[1]) Zeichnungen zu „Tausend und Eine Nacht". Vgl. die
Hempelausgabe Goethe's 28, 847 f. „Es möchte schwer sein —
urtheilt Goethe 1828 in „Kunst und Alterthum" — die guten
Eigenschaften dieser Arbeiten in wenig Worte zu fassen. Sie sind
als Vignetten zu betrachten, welche mit einem geschichtlichen Bildchen
den Titel zieren, dann aber arabeskenartig an beiden Seiten her=
auf= und herabgehen, um ihn anmuthig einzufassen.

Wie mannichfaltig=bunt die „Tausend und Eine Nacht" selbst
sein mag, so sind hier auch diese Blätter überraschend abwechselnd,
gedrängt ohne Verwirrung, räthselhaft aber klar, barock mit Sinn,
phantastisch ohne Karikatur, wunderlich mit Geschmack, durchaus
originell, daß wir weder dem Stoff noch der Behandlung nach
etwas Aehnliches kennen."

längst auf allen Kunsthandel verzichtet. Also trachtet man bald in's Reine zu kommen.

Ihr ganz ergebener
M. v. Schwind.

M. 5. Febr. 1867.

Eilig.

---

11. Mörike an Schwind.[1]

Die mir durch Ihren l. Brief vom 17. vor. Monats angemeldete Kiste kam letzten Montag Morgens d. 28. bei uns an. Ich öffnete sie sogleich selbst, das ungeduldige Verlangen, das eine gemessene Handhabung des nöthigen Schreinerwerkzeugs kaum erlauben wollte, nach Möglichkeit beschwichtigend. Schraube für Schraube, Nagel um Nagel vorsichtig auszuziehn — denn einige staken sehr boshaft verbogen im Holz — nahm eine gute Viertelstunde weg.

Da lag der Schatz nun aufgethan vor mir allein! Ich ließ für's Erste Niemand zu, um mich der Sachen erst, von Anderer Stimmen unverworren, einigermaßen zu bemächtigen. Bald aber war ich, dieser überströmenden Fülle des Lieblichen und Großen gegenüber, mir selbst nicht mehr genug; Frau und Schwester wurden zu Hilfe gerufen, die denn auch redlich mein Entzücken theilten.

---

[1] Der oben versprochene längere Brief.

Der sichere Mann. Zeichnung von M. von Schwind zu dem Märchen von Mörike. (Vgl. S. 27.)

Zufällig kam ich zuerst an das Blatt mit dem „Sicheren Mann." Wenn meine Leute mich, wie sie behaupten, im dritten Zimmer durch zwei Thüren mehrmals laut auflachen hörten, so war dieß keineswegs nur die einfache Wirkung des komischen Stoffs, welcher hier in das greifbarste Leben trat; es war weit mehr jene rein schöne, hohe, mit keinem andern Glück zu vergleichende Lust, die wir immer empfinden, wo die Kunst einmal wieder ihren Gipfel erreicht, wo uns der Genius selbst anlacht, eine freudige Rührung und selbstloser Dank, der vorerst gar nicht weiß, wem er eigentlich gelte, bis man zunächst dann freilich nur dem Künstler um den Hals fallen kann.

Ihre Auffassung des ungeschlachten Riesen könnte besser und wahrer unmöglich sein; und zudem muß ich sagen, sie läßt, was Bestimmtheit und malerische Eigenschaft betrifft, mein eigenes Gedankenbild weit hinter sich zurück. Der gewählte Moment ist äußerst prägnant. Im Vordergrund der Höhle liegt er auf seinem offenen Schreibbuch, verdrossen, dumpf und eigentlich mechanisch mit seiner unmöglichen Aufgabe beschäftigt. Nur schon die Art, wie er mit der andern Hand am Backen den Kopf aus Faulheit stützt, während das linke Bein müßig hinten auf in die Luft schlägt und baumelt, — ist unschätzbar, nicht zu bezahlen! Von seinem kraftvollen, durchaus nicht caricaturmäßig gedachten Gesicht wird vor dem überhängenden Haupthaar, welches pelzartig in breite Zapfen getheilt und dabei immerhin im großen Stil behandelt ist, mehr nicht als der untere Theil bis zur Hälfte der Nase gesehen, und doch hat man damit gleich alles in der Vorstellung: die struppigen Augbraunen, den dummen halbverschmitzten Blick der sicherlich verhältnißmäßig kleinen Augen. Man ahnt aus dem Ganzen genügend, was in dem altverrußten Grind da drin etwa vorgehen mag. Die weise Oekonomie, mit welcher der immense Scheuerthor=Folioband zur Anschauung gebracht wird, darf ich nicht ungerühmt lassen. Außerordentlich gut macht sich der hohle Buchrücken mit den radienförmig aufgesperrten Blättern — man hört sie ordentlich knarren. Dann über dem Haupt des Propheten der Felsenüberhang mit dem entblößten Wurzelknorrenwerk der nächsten Tanne; der wohlthuende schmale Einblick in den Wald — wie trefflich geht Alles in solcher Enge zusammen!

Um des Bedeutsamen so viel wie möglich in Einer Composition zu vereinigen, war natürlich über den buchstäblichen Inhalt des Gedichts hinauszugehn. Der ausgerissene Teufelsschweif zwischen den Blättern durfte nicht fehlen, und der schalkhafte Gott in dem Augenblick, wo er den Schreibenden von hinterher belauscht, ist eine ganz herrliche Zuthat. Demnach ist die erste Vorlesung in der Hölle bereits gehalten, soeben wird die nächste vorbereitet (zu deren wirklichem Inhalt ihm nur erst unmittelbar, eh' er zu sprechen hat, der Gott durch Inspiration nothdürftig verhelfen wird) und Lolegrin erscheint also zum zweiten Mal hier in der Grotte.

Dieser geflügelte Dämon, die jugendlichste Hermesgestalt mit individueller und dem Charakter eines possenhaften

Lieblings der Götter entsprechender Physiognomie, rund=
wangig, fast kindlich, hält sich auf der nach oben gekehrten
Fläche des riesigen Stiefelabsatzes mehr schwebend als
festsitzend (denn jeden Augenblick kann ja der Fuß des
Alten wieder herunterfallen) in einer Stellung, mit einer
Miene und Gebärde, wie sie graziöser nicht zu erdenken
ist. Das ganze Geschlecht der Lustigmacher und Gaukler
thut unwillkürlich Alles auf baroke Weise; der ideale
Hanswurst insonderheit muß es auch ohne Zuschauer,
ganz für sich selber so thun, und so ist dieß Motiv (ich
meine den Stand= oder Stützpunkt Lolegrin's) ein Meister=
zug ersten Grades, auf welchen ein Anderer, z. B. ich,
durch den parallelen Vorgang im Gedicht (wo Lolegrin den
liegenden Stiefel als Sitz benützt) niemals verfallen
wäre. Auf dem schattigen Grunde der Felswand hebt sich
der himmlische Knabe als der einzige geistige Lichtstrahl
in dieser halbthierisch beschränkten elementarischen Suckel=
borstswelt sehr bezeichnend und vortheilhaft ab.

Und nun das zweite Blatt mit der schönen Jüdin.
Hier würde man am liebsten gänzlich schweigen. Wer
fände das treffende Wort für den unendlichen Reiz dieses
beseelten Profils, für diesen Ausdruck von Erstaunen, in
dem das Mädchen unter ihren Fingern ein Wunder werden
sieht!

Sie sitzt, die Schiefertafel auf dem Knie, und die
selbstlaufende Feder nur lose in der rechten Hand, das
Aug' begierig auf den unerhörten Aktus geheftet. Der
Oberleib ist etwas vorgebeugt, der Kopf jedoch, das lieb=

liche Kinn, in ziemlich weitem Abstand von der Sache, ein wenig aufgerichtet, so daß die schöne Linie des Halses völlig sichtbar ist. Diese Stellung des Kopfs ist von der größten Bedeutung. Sie wirkt in Eins zusammen mit dem, was das Gesicht ausdrückt, als wie ein himmlischer Accord, der uns die ganze Seele mit einem Hauch hinnimmt. Wie einzig stimmt dazu das luftig über den Rücken ergossene Haar! Es scheint halb durchsichtig und goldähnlich. Letzteres kommt allerdings auf Rechnung des gelblichen Sepia-Tons; wenn derselbe sich aber bei einer künftigen Reproduction erhalten ließe, so gäbe ich für diese blonde Rahel herzlich gern die schwarzbehaarte hin. Daß neben ihr der Knabe während des wunderbaren Akts fortschläft (um erst am Ende noch so viel, als nöthig ist, davon zu sehen), war wohl bedacht. Ein Künstler von weniger feinem Gefühl hätte die Scene durch den staunenden Antheil einer zweiten Person zu steigern geglaubt und durch ein Spektakel die ganze Zartheit des Moments zerstört. Der Schlaf eines unschuldigen Geschöpfs ist schon an sich heilig und dieß wirkt hier fühlbar herein. Welch eine süße Stille herrscht ringsum! und wie schön ist der Knabe mit offenbar nationaler Gesichtsbildung, wie rührend seine schlafende Hand!

Ein orientalischer Zug geht fast durch's ganze Bild, selbst das nächste Baumwerk will ihn nicht verläugnen und dessen Lichtheit ist völlig der Stimmung des Ganzen gemäß. An dem Costüm der Jungfrau endlich haben wir Alles, jede Quaste, — den aufgeschlitzten Ärmel, das eigen-

Das Pfarrhaus zu Cleversulzbach. Zeichnung von M. von Schwind. (Vgl. S. 31.)

artige Käppchen, insonderheit aber den prächtigen Wurf jeder Falte bewundert.

¹) Das dritte oder Mittel=Bild anlangend — welches für meinen innerlichsten und Privat=Menschen eigentlich das Hauptblatt ist — so wollte mir dazu die Prosa nicht genügen, ich hoffte mir vielmehr mit einigen Versen im Ton der musikalischen Gartenthür ²) zu helfen. Wer aber könnte unter Umständen, wie gegenwärtig die meinen sind, an so etwas denken? — — — — — — — — —
— — — — — — — — — — — —

Ueber dem Datum Ihrer künstlerischen Gaben waltet ein eigener wohlwollender Spiritus familiaris. Die „7 Raben" und die „h. Elisabeth" kamen auf meinen Geburtstag, den sie doch schwerlich wußten; die 3 neuen Zeichnungen auf den meiner jüngsten Tochter Marie! Ich stellte das Blatt mit der Gartenscene sofort in die Mitte des rothen Sophas unmittelbar hinter den runden, mit zwei brennenden Kerzen und grünen Gewächsen — einer Fächerpalme und Asklepias — geschmückten Tisch, worauf ihre Geschenklein ausgebreitet lagen. — Konnte die schöne Muse, die ihre Hand demselben Kind auf's Haupt legt, zu einer glücklicheren Stunde kommen?

---

1) „Ein Stück von der Fortsetzung des Briefes. Aus dem Gedächtnis." Anmerk. Mörike's.
2) Mörike's: „Ach nur einmal noch im Leben!"

12. Schwind an Mörike.

Verehrtester Freund!

Wenn ich ein paar Tage nach Empfang Ihres Briefes oder besser Ihrer Sendung als ein eitler Esel herumgestiegen bin, so sind Sie schuld. Wenn man ein so günstiges und trefflich geschriebenes Referat liest, so kommen Einem die Sachen in einem ganz andern Licht vor. Ich könnte auch sagen, wenn ich ein Publicum mir gegenüber hätte, das so sehen kann, so ging's besser mit dem Arbeiten. Und am Ende, da ich mich mein ganzes Leben mit Hindernissen wie ein Renupferd geplagt habe, so sehe ich nicht ein, warum ich mir nicht einmal auch einbilden sollte, es sei was Rechtes herausgekommen. Wenn wir uns mit dem Buchhändler einlassen, so geht die Sache aus ganz andern Noten. Da fällt von vornherein alles weg, was eine Sache charakterisirt. Wenn ein Gedicht gut sein soll, darf es vor allem nicht zu lang und nicht zu kurz sein. Der "sichere Mann" darf 12 Seiten lang sein, ein anderes langt gerade zu 14 Zeilen. Die Wahl des richtigen Versmaßes entscheidet vielleicht den ganzen Erfolg. Nun heißt es aber bei dieser verdammten Race: Ein Bild so groß wie's andere, alle in dem gleichen hundsföttischen Gefusel gezeichnet und alle cancanisirt so viel als möglich, was soll da herauskommen? Photographiren wäre schon recht, wenn die Handschrift wiedergegeben würde, aber das muß alles auf das Niveau eines lausigen Kunstvereins-Geschenks herabge=

würdigt werden. Beatus ille, qui procul — — — Es kann sein, daß es einen Phönix darunter gibt, aber Herr X. ist es schwerlich. Vor vielleicht 20 Jahren wurde ich einmal hin berufen, um gewisse Aufträge zu erhalten. Der Himmel weiß, wie gut mir etlicher Verdienst gethan hätte. Da wurde mir aber eine französische Vignette gezeigt mit der Frage, ob ich meine Sachen so machen wolle. Was war darauf zu sagen, als: gehen Sie zu dem, der das gemacht hat, der macht's so!

Mit meinem Besuch werde ich hinausgeschoben. Wird noch acht Tage andauern. Schließlich will ich auch nicht unerwähnt lassen, daß eine gewisse Stelle Ihres Briefes, wo auf einige Verse hingedeutet ist, die Ihnen vorschweben — mir sehr glatt eingegangen ist. Das wäre nichts Kleines, und sollte zu meinen schönsten Schätzen gehören. Mehr sage ich nicht.

Jetzt leben Sie recht wohl, sein Sie noch einmal bedankt für die schönen Recensionen — Sie wissen vielleicht nicht, daß die erste dergl., die ich erlebte, vom alten Goethe war [1] — und lassen Sie sich gesund und lustig wieder finden.

Mit den schönsten Grüßen an Ihr ganzes Haus

Ihr ergebenster

M. v. Schwind.

[Februar 1867].

An dem „Pfarrhaus" sollte der große Baum die Lieblings-Buche sein.

---

1) Vgl. oben S. 25.

13. Schwind an Mörike.

Sehr verehrter Freund!

Angefangen oder fertig, ich möchte meinen Brief haben der durch das Hereinbrechen der Buchhändler Geschichte unterbrochen worden ist.

Meiner Rechnung und Vorhaben nach sollte ich den nächsten Sonntag in Stuttgart sein; wenn aber alles zu Stein und Bein gefroren ist, da bleibt man besser hinter'm Ofen sitzen. Bitte mich also nicht zu vergessen und empfehle mich den sämmtlichen Damen bestens.

Ihr ergebener M. v. Schwind.

M., 3. März 1867.

---

14. Schwind an Mörike.

Verehrter Freund!

Sie werden sich was Schönes von mir denken, daß Sie mir die schönen Bücher schenken, und ich schreibe nichts. Unser Allergnädigster hat mir noch Aufträge aufgehängt, die mich mit den noch übrigen Wiener Arbeiten so in's Gedränge brachten, daß ich morgen noch arbeiten muß, und Dienstag will ich schon abreisen... Wo die Zeit und Stimmung hernehmen!

Es sei Ihnen also angezeigt, daß ich beide Bände[1] mit dem größten Vergnügen gelesen habe. Ich und meine

---

1) Die vierte Auflage der Gedichte und die Vier Erzählungen in der neuen Ausgabe.

Frau. Wenn Sie zu etwas Illustrationen wollen, da brauchte man keine Seite zu überschlagen, und Sie sollten auch gar nicht lange warten. „Der Schatz" und die Geschichte, wo die Kinder Theater spielen[1]), hat mir gar zu gut gefallen. In dem „Hutzelmännchen" ist die Vermischung des Feenhaften und Purzlichen ganz ausgezeichnet lustig. Da brauchte man nur sofort zu zeichnen.

Auf der Photographie schaut meine Frau allerdings etwas unbehaglich aus; macht auch mitunter etwas finstere Gesichter, aber sie hat nebst ihrer freundlichen, auch noch ihre possierliche Seite, und erträgt ihr Schicksal, eine Malersfrau zu sein, mit ziemlich viel Grazie. Ich wollte nur, Sie kämen einmal nachzusehen, wie's bei uns zugeht. Wir waren die Osterfeiertage am See draußen; das sollte Ihnen nicht wenig gefallen, der junge Schnee in den Bergen, die Sonne auf dem See, und die schönen Waldungen! Das Bier ist Gott sei Dank schlecht genug, aber dafür kann man sorgen. Aber Ihre Frauen lassen Sie nicht fort, das durchschaue ich.

Dienstag soll's also fort gehen, und dieser Brief stellt zugleich einen Abschied vor. Wer weiß, ob nicht Wien diesmal ein ruhiger Winkel bleibt, während es anderswo drunter und drüber geht. Ein Freund schreibt mir heute aus Wien: „Ich wollte, es eroberte uns Einer" — gar zu glänzend muß es also da auch nicht aussehen. Item, ich male drauf los, so lang sie mich nicht vom Gerüst herunter schießen.

---
1) „Lucie Gelmeroth".

Ein etwaiger — sehr erwünschter und im Stillen gewünschter — Brief findet mich: Wien, Landstraße, Wassergasse No. 4. Leben Sie recht wohl, freuen Sie sich der vierten Ausgabe, empfehlen Sie mich Ihren großen und kleinen Damen allerbestens und behalten in gutem Andenken

Ihren ergebensten Freund
Schwind.

M., 27. April 1867.

15. Schwind an Mörike.

Wien, d. 11. Juni 1867.

Sehr verehrter Freund!

Ich wollte, Sie müßten einmal in eine fremde Stadt und fresco malen, damit Sie wüßten, wie es schmeckt, wenn Einem niemand schreibt. Man könnte gerade eben so gut auf dem Zobelfang sein, und da fragte es sich noch, ob die Kälte nicht noch angenehmer ist als die Hitze, die man aussteht.

Es geht Tag für Tag wie in der Tretmühle und Samstags, wo aber nicht einmal ausbezahlt wird wie bei den beneidenswerthen Steinhauern, thun Einem alle Knochen weh.

Wissen Sie, was mich jetzt so oft erinnert? Wenn ich im Stadtpark frühstücke und zwar um 6 Uhr Morgens, so kommt die leibhaftige Prinzeſſin „Rothtraut" mit ihrer Mama oder was es iſt. Von oben bis unten vornehm: die ſchönſten Füßchen, prachtvolle Haare und dabei ſo friſch und munter, daß man ihr den zierlichſten Mutwillen zu=trauen möchte. Nun, wir wiſſen, wie ſie ausſieht, fehlt nichts mehr, als daß wir ſie zeichnen.[1)]

Was macht die vierte Auflage? Mit meiner Arbeit geht's ſehr vorwärts, und nächſte Woche dürfte das für dies Jahr beſtimmte große Bild fertig ſein. Stellenweiſe denke ich der Fresco=Malerei einiges abgewonnen zu haben, was ſie bisher für ſich behalten hat. Es gibt dann noch ein halbes Dutzend Kinder, deren jedes einen Tag koſtet, und etliche Korrekturen an den Arbeiten vom vorigen Jahr, dann gehen wir wieder heim und haben dieſe Theater=Geſchäfte, die jetzt im vierten Jahr ſpielen, glücklich vom Halſe.

Für ſehr erſprießlich, förderlich und angenehm würde ich einen Brief von Ihnen anſehen, mit einigen guten Nachrichten von Ihnen und den werthen Ihrigen. Die Geſelligkeit iſt für mich, der ich weit draußen wohne und nach der Arbeit müd bin, nicht groß; dagegen die Kunſt=verhältniſſe mit einem ſtarken Beiſchmack von Bukareſt oder Odeſſa verſetzt. Leben Sie recht wohl und nehmen Sie meine Adreſſe mit einigem Wohlwollen in Ihr Herz auf!   Schwind.

Wien, Landſtraße, Waſſergaſſe No. 4, 3. St.

[1)] Schwind plante alſo damals eine Illuſtration zu Mörike's „Schön Rothtraut".

16. Schwind an Mörike.

Sehr verehrter Freund!

Jetzt wäre ich wieder in Nieder Pöcking bei Starnberg. Sie brauchten also nicht einen so weiten Brief wie nach Wien hinunter zu schreiben, was, wie ich wohl weiß, eine zuwidere Geschichte ist — um mich wissen zu lassen, wie es Ihnen sammt Familie geht. Nach so langem Mangel an Nachrichten wäre es eine rechte Gutthat, wenn Sie mir dergleichen zukommen ließen. Ich habe zu berichten, daß ich, Gott sei's getrommelt und gepfiffen, meine Arbeit in Wien ohne jeden Verdruß und ohne Krankheit oder Unwohlsein oder sonstige Störung glücklich zu Ende gebracht habe. In Anbetracht, daß der Spaß alle Tage um 7 Uhr früh angeht und mit einer kleinen Unterbrechung von 10—11, allenfalls bis 5 Uhr dauert, wenn auch nicht alle Tage, kann ich in meinen Jahren von Glück sagen, daß es so gegangen ist. Frau und Tochter haben das ihrige dazu gethan, so wie mein alter Camerad Moosdorf, der schon die Feldzüge auf der Wartburg und in Reichenhall mitgemacht hat[1]), sich als ein Muster von Ausdauer und Freundschaft bewährt hat. Aber Alles hat seinen Lohn gefunden. Die Frau kriegt einen neuen Schwiegersohn, die Tochter einen braven Mann, Medizinmann in Wien; Moosdorf eine selbständige Arbeit in seiner Heimat,

---

1) Die Wartburggemälde wurden 1854—56 ausgeführt, die Fresken in der Kirche zu Reichenhall 1863.

die, wenn es auch wieder lausige Götter und Göttinnen sind, doch den Mann für Zeit Lebens gegen Mangel schützt[1]); der Maurer, der alle Tage auf dem Fleck war und ein Stück so schön angetragen hat wie das andere, hat vom Bau aus eine Gratification von 50 Fl. erhalten nebst manchem guten Trinkgeld und meine Wenigkeit kann sagen: ich brauche keine halbe Stunde mehr zu verkaufen, denn ich brauche kein Geld mehr erstens, und zweitens oder allererstens steht zu Mozart's Andenken die „Zauberflöte" an dem Fleck gemalt, wo sie hingehört, und das Auslachen und Nasenrümpfen hat ein End. Möge jede redliche Arbeit so ihren Lohn finden, wenn auch tamen sed tandem! Ein paar Jahre wollen wir's noch treiben. Vor der Hand habe ich für die heirathende Tochter eine Titelblattzeichnung für ihr Haushaltungsbuch gemacht,[2]) und ein Aquarell für den König, hoffentlich das letzte, und einiges für ein zweites gewerbliches Heft, so bequeme Sachen, denn ich bin etwas müd und bis die Hochzeit vorbei ist, kommt doch keine rechte Ruh' in's Haus. Die Mörike-Zeichnungen habe ich mitgehabt und viel Freude damit gehabt. Ich bin doch noch auf Leute getroffen, die Ihre Gedichte nicht kennen. Hoffentlich büffeln sie jetzt daran.... Mit den besten Grüßen an Ihre großen und kleinen Damen

Ihr alter Freund

Schwind.

---

1) Karl Moßdorf's „Amor und Psyche" im Altenburger Schloße.
2) Vgl. L. von Führich, M. v. Schwind S. 94 (1871); C. v. Wurzbach 33, 165.

17. Schwind an Mörike.

Sehr verehrter Freund!

Auf zwei Briefe keine Antwort bekommen, ist auf dieser ordinären Welt beinahe einer Kriegserklärung gleich. Da ich mir aber gar nicht denken kann, was Sie zu einer solchen treiben könnte, andrerseits nicht die geringste Lust habe, meine diplomatischen Beziehungen abzubrechen, so erlaube ich mir ergebenst zu vermelden, daß ich im Gegentheil sehr von der Lust geplagt bin, mich wieder einmal nach Stuttgart eisenbahnlich befördern zu lassen. Wir werden gerade nicht jünger, und es wird hier ein Orakelspruch erzählt, der mir sehr einleuchtet. Frage: Wann hat ein armer Münchner auch einmal eine gute Stunde? Antwort: Wenn er nach Nymphenburg geht, da hat er eine gute Stunde hin. Wenn er also nach Stuttgart geht, hat er sechs gute Stunden.

Ich bin daran, mit wieder einer Lieferung Geräthschaften fertig zu werden, 20 Blätter, die möchte ich Ihnen zeigen. Deßgleichen habe ich Photographien von den Bildern für das Foyer im Wiener Opernhaus.

Frage also an, ob Sie da sind, und ob es bestimmte Tage oder Zeiten gibt, in denen der Tübinger Vischer in Stuttgart ist.

Die neuen Briefe von X. haben was Komisches für mich. Die höchste Begeisterung für alles, was Bauernlackl ist, und dabei gar nicht bemerken, daß alle diese social=

comunistischen Bilder genau für den Salon des Banquiers und Stutzers berechnet sind: das geht über meinen Horizont.

Ich habe auch so lachen müssen über einen überschwenglichen Artikel aus Stuttgart über den Aufenthalt des Clavier-Abbés Liszt. Nach den unglaublichsten Aborationen dessen, als Künstler und Mensch — kommt auf einmal der „Mephisto Walzer" zum Vorschein. Hat man je so was Eselhaftes gesehen!

Bei mir ist es recht einsam, seit meine zweite Tochter aus dem Haus ist. Gott sei Dank, ist jetzt wenigstens meine Frau wieder guter Dinge, nachdem sie, ich weiß nicht wie lang, vom Zahn- und Halsweh Tag und Nacht geplagt war.

Meister Scherzer habe ich auf einen Augenblick gesehen, von der Panting-Cur etwas übel zugerichtet. Es wird fast gescheiter sein, seinen Bauch zu behalten und dabei frisch auf zu sein.

Leben Sie recht wohl, verehrter Freund, empfehlen Sie mich sammt Frau Ihren Damen und lassen Sie sich's ein Paar Zeilen kosten.

Ihr ganz ergebener
M. v. Schwind.

München, 20. Oktober 1867.

18 Schwind an Mörike.

Sehr verehrter Freund!

Vor allem steht fest, daß mein Tochterl nicht um die ihr zugedachte Vase verkürzt werden darf¹). Es wird also hiemit feierlichst darauf Beschlag gelegt, — ergriffen und bezeichnet — und es wird meine Sorge sein, mich ihrer zu bemächtigen; was man Besitzergreifen nennt.

Nach Stuttgart zu gehen, wenn Sie in Lorch sind, könnte mir gar nicht einfallen. Ob über meine Sachen geschrieben wird oder nicht, ist mir am Ende ganz Wurst, und Verleger oder nicht Verleger, geht auch auf Eins hinaus. Daß Ihre Gesundheit nicht in der Ordnung ist, ist eine traurige Geschichte. Es ist noch ein Glück, daß Sie so gut damit zurecht kommen. Daß bei Ihrer guten Frau auch noch eine Nervenwirthschaft sich etablirt hat, ist noch vollends das Ärgste. Davon weiß ich auch ein Lied zu singen.... Wir arbeiten alle zu viel und haben zu wenig Freude. Da kommt das Ding her. Bei mir wird's mit den Jahren besser. Nur verschluckten Ärger kann ich nicht vertragen.

Wenn Ihnen das Leben in einer so kleinen Stadt taugt, bleiben Sie dort. Ich habe auch schon daran gedacht, aber eigentlich ist mir München zu langweilig und ich wäre lieber in Wien. Mir fällt bei Lorch eine Erzählung

---

1) Mörike's bekannte Lorcher Liebhaberei in der Töpferkunst.

eines Freundes ein. Er dürstet nach Ruhe, sucht im Land herum ein Städtchen, wo die Menschen friedlich beisammen leben. Ruhe, Friede, Eintracht. Endlich läßt er sich nieder in einem romantischen Paradiese. Es sind außer Bauern und friedlichen Bürgern nur drei ineinander verheirathete Familien im Ort. In drei Tagen, erzählt er, sei er im klaren gewesen, daß diese drei Familien in fünf wüthende Parteien gespalten sind und da sei er wieder abgereist.

Bei mir ist jetzt sehr viel zu thun, umsomehr als ich mich auf eine etwas lange Arbeit eingelassen habe. Dennoch hoffe ich auf einen schönen Samstag Morgen, an dem es abreiserlich aussieht. Es wird wohl der Zug von Nördlingen nach Lorch mit dem von München nach Nördlingen zusammenhängen.

Da Sie das Zimmer nicht verlassen, finde ich Sie jedenfalls zu Haus, und ich kann auch auf all den Spektakel hinauf einen ruhigen Tag brauchen.

26. Dez. 1867.

So schrieb ich gleich nach Empfang Ihres Briefes, der besten Meinung, in ein paar Tagen mich auf den Weg zu machen. Nun war aber mein Sohn in Carlsruh. Ich wollte mit ihm irgendwo zusammentreffen. Derweil kam er plötzlich hieher — item die Zeit war verpaßt, und ich mußte nach Wien, wo ich vom 15. November bis 2. Dezember mich aufhielt. Eine zwanzigjährige Tochter in die Fremde verheiraten, das ist ein Stück Arbeit, und ein Wiedersehen über alles kostbar. Gott sei Dank, sieht sie vortrefflich aus, und ist höchlichst zufrieden, und in meinem Geschäft kam ich gerade recht, um einen großen Unsinn aufzuhalten. Seit ich zurück bin, plagte ich mich mit kleinen Ausbesserungen herum, und bekam am rechten Ellbogen einen großen, roten, heißen Fleck, begleitet von allgemeiner Verkältung, so daß ich nicht ausgehen und nichts thun konnte. Nun haben wir Weihnacht hinter uns und steuern dem neuen Jahr zu. Wenigstens bringt man da seine Briefschulden in Ordnung. Reden wir also von dem gescheidtesten, von jenem schönen „Topf aus Erden" und dessen Beförderung nach München. Ich weiß es — packen ist das Ärgste — aber hoffentlich gibt es in Stuttgart auch Menschen, die so was besorgen, um Geld und gute Worte. Allenfalls ist der photographische Buchhändler mit einem solchen individuus bekannt, und schafft es herbei. Mein Tochterl freut sich so, und es ist eine solche Ehre für sie, daß ich nicht ablassen kann, Sie zu quälen. Deßgleichen werden Sie geplagt mit einer Sendung von Zeichnungen, wenn ich weiß, wo Sie jetzt eigentlich sind. In dem einsamen Lorch oder in dem gleichfalls einsamen Stuttgart? Wollen Sie mir das mit zwei Worten zu wissen machen? Sie wundern sich gewiß, daß ein Mensch so närrisch ist, und zeichnet 40 Blätter voll Uhren, Tintenzeuge, Lampen, Schlößer und dergl. Teufelszeug. Ich habe aber von Natur aus eine Goldschmieds=Ader im Leib, die mir keine Ruhe läßt.

Hoffentlich haben Sie Weihnachten gesund und fröhlich unter den Ihrigen zugebracht, und gehen dem neuen Jahre wohlgemuth entgegen. Ich für mein Teil denke, trotz meinen Jahren, noch was zu leisten.

Ich habe mich dummer Weise wieder in eine große Arbeit eingelassen — wie Grillparzer sagt — so lange Sachen, worunter er Trauerspiele versteht. Ich habe den alten Herrn — 76 Jahre — in Wien besucht, und mit ihm von dieser Arbeit, der Geschichte der Melusine, gesprochen mit der Bemerkung, daß das Wunderbare dermalen außer Credit sei. Sagt er darauf: Ich habe ein Gespräch in vier Versen gemacht, das heißt:

„Laßt mir doch das Wunderbare!
Gar mancher hat's vor mir geehrt.
Allein das Menschliche — das ist das Wahre";
„Das Wahre — aber kaum der Mühe werth."

Nicht übel. Das ist Schade, daß Sie den Mann nicht kennen.... In Paris waren Bilder von mir, die glänzend durchgefallen sind, was mich eigentlich freut, denn ich möchte diesen Hanswursten nicht gefallen. Sind aber wieder eigene Kauze unter den Franzosen. An Kaulbach schreibt Einer, sie wüßten keine Gegenstände — bei uns — er nennt auch mich, schiene daran kein Mangel zu sein, und bliebe gewiß eine Menge unausgenützt liegen; wir möchten ihnen von unserm Überfluß schicken. Das ist doch vortrefflich. Wäre ich des Französischen mächtig, so bekäm' er einen Brief von mir. Mit Staunen bin ich erfüllt über X. Im Ganzen so gescheidt und im détail so dumm! Spricht ganz trocken aus, ein Bild soll gar nichts vorstellen — blos Malerei. — Der soll sich wundern, was die in ein paar Jahren für Geschmier vorbringen. Die Kunst ist ein sehr aristokratisches Ding, da laßt's die Herrn Demokraten sitzen. — Aber was kümmert Sie das dumme Zeug? Sie leben in einer andern Welt. Die neue Ausgabe ist reizend. Erstens ist das Portrait ganz gut[1] — der Druck größer, und die neuen Gedichte einzig, eins schöner als das andere. Werden immer wieder hervorgeholt und gelesen, und werden immer schöner.

Jetzt empfehlen Sie mich Ihren großen und kleinen Damen, bedauern Sie mich, daß ich um den Besuch gekommen bin, und freuen Sie sich mit mir, daß es wieder auf den Frühling los geht, wo man wieder an's Reisen denken kann. Thun Sie ein übriges wegen des Topfes und lassen Sie mich wissen, wo Sie stecken. Gesundes und glückseliges neues Jahr wünsche ich Ihnen, und Ihr ungetrübtes Wohlwollen und fröhliches Wiedersehen

Ihrem Freund Schwind.

M., 26. Dez. 1867.

---

[1] Mörike's Porträt in der 4. Auflage der Gedichte.

19. Schwind an Mörike.

Verehrter Freund!

Das werthe Paar heißt: Ferdinand Bauernfeind Med. Dr. und Maria ditto[1]), hat geheirathet am 9. September 1867. Am 8. war die Braut zwanzig Jahre alt geworden, am 3ten hatte das respektable Aelternpaar seine silberne Hochzeit gefeiert.

— — Da Sie nun, wie es scheint, ganz ernstlich ein Hafner werden wollen, wäre es ein Verbrechen, Ihnen mein für das deutsche Gewerbwesen unentbehrliche Werk länger vorzuenthalten.[2]) Eine gänzliche Umwandlung, ein unerhörter neuer Aufschwung kann gar nicht ausbleiben. Nur Schade, daß sich kein Verleger dafür findet, und es bei näherer Betrachtung auch keinem zuzumuthen ist, dem deutschen Nationalstolz mit einer Sache entgegen zu treten, die sich untersteht ohne sehnsüchtigen Hinblick auf Paris zu existiren. Wovon Ihnen Vischer erzählt hat. Die Schwersteine — die wurden in einer Zeitschrift gebracht. Es war Theseus, der den Grabstein seines Vaters auf= heben soll. Fallstaff im Waschkorb und ein Hausknecht, der einen Koffer eintritt. Es war damals eine Antwort auf die eselhafte Frage so vieler Ästhetiker: In welchem

---

1) Schwind's zweite Tochter.
2) S. die Anmerkung zu Brief 4.

Stile sollen wir verzieren? Da habt ihr Griechisches, Mittelalterliches und Modernes, aber alle drei sind schwer auf die Unterlage drückende Gegenstände — Papierschwerer. Mit eigentlichen Ornamenten habe ich mich wenig eingelassen, meine Thätigkeit fängt da an, wo das Bezeichnende gerade dieses Geräths anfängt. Sie ist epigrammatisch und illustrirend. Ich lege ein Heft „Almanach von Radirungen" bei (sehr schön eingebunden, den Versen von Feuchtersleben zu Ehren [1]). Ich hoffte, mit einem solchen Jahresgeschenk etwas zu verdienen, machte aber gleich so gänzlichen Fiasco, daß nicht weiter daran zu denken war. Später war ich veranlaßt, mehreres für eine Thongeschirrfabrik zu zeichnen, wovon ich einiges in die Sammlung aufgenommen habe, einiges war für einen Silberarbeiter, der mir sie als unbrauchbar zurückschickte und so machte sich das Ding. Eine Stunde werden Sie sich schon damit unterhalten.

Ich habe Ihre vier Erzählungen wieder gelesen, und mich ein paar Abende damit ergötzt, den Lebenslauf des magern Hansels zu entwerfen [2]). Es fehlt noch ein Bild, wo ihn die Königin reitet. Sehen sie einmal, was das Pferdl für Situationen durchmacht? In guten Tagen könnte man's für Ihre zwei Töchterln herrichten.

Billigerweise sollte ich Ihnen einiges Schöne sagen über die 4. Ausgabe; das laß ich aber sein bleiben. Über solche Sachen zu reden, ist ein poetischer Akt, und kann nichts

---

[1] Zürich 1844.
[2] „Der Bauer und sein Sohn". Vgl. Führich S. 102; C. v. Wurzbach 33, 163: „Vom magern Pferdl".

Pfeifenköpfe.
Aus dem Almanach mit Radirungen von M. von Schwind. (Vergl. S. 48.)

anderes sein, und dazu gehört auch eine poetische Sprache, mit der ich nicht dienen kann. So viel kann ich Ihnen aber sagen: Wie nobel ist es, daß so wenig Neues daran ist!. Ein anderer würde sein Gäulchen anders hetzen. Dann kann ich Ihnen sagen, daß ich in Anerkennung der köst=lichen Vollendung Ihrer Gedichte 5 Wochen lang an meiner Lyrik gesessen bin, feilend und nachhelfend. Damit aber auch die Kritik nicht fehle, muß ich gestehen, daß ich einen traurigen Einblick in Ihren Charakter gethan habe. Wenn Sie sich dazu bekennen, noch unpraktischer zu sein, als unser werther Freund Richter[1]), da bin ich mit meinem Latein zu Ende. Ich habe immer geglaubt, der hätte das Übermenschliche geleistet!

Zuletzt möchte ich noch wissen, wie dieser Fuß heißt: Laberdan (—⌣—) etwa. Von der Melusine wäre sehr viel zu sagen. Ein Punkt ist ungeheuer kitzlich, daß sie nämlich keinen Fischschwanz hat. Das ist offenbar ein boshaftes Geschwätz, dessen Entstehung gezeigt werden muß, und es geht zum großen Gewinn für das ganze. Wir werden's schon einmal anschauen.

Sonst geht alles gut, nur etwas einsam, seit die zweite Tochter fort ist. Auch muß ich noch etwas für Wien machen und das ist schrecklich langweilig.

Die Foyerbilder schicke ich ein andres mal, es muß viel dazu geschrieben werden, oder angenehmer: gesprochen.

---

1) „Bezieht sich auf mein Hochzeitgedicht für Marie Breit=schwert." Anm. Mörikes. Vgl. Gedichte S. 257: „Freund Richter, immer praktischer, zog den Beutel."

Laſſen Sie ſich Ihre Einſamkeit recht behagen! Sie ſei geſegnet, wenn ſie ein paar Gedichte einträgt. Leben Sie recht wohl und empfehlen mich den Ihrigen Alles Schöne von der Frau.

Ihr ergebenſter Freund Schwind.

Münch., 31. Jan. 1868.

---

20. Schwind an Mörike.

Verehrter Freund!

Eine Kiſte iſt heute gepackt worden, onus centum camelorum. Das Büchlein mit den Tabakspfeifen[1]) wollte ſich nicht recht gruppiren, habe alſo die Zeichnungen von den Reichenhallen beigelegt, und die Durchzeichnung von Hohenſchwangau.[2]) Bei den Kirchenſachen iſt zu bemerken, daß die Figur des Crucifixes ihre guten 7 Fuß mißt, und die andern im Verhältniß. Die Stationen ſind 4 Fuß hoch, auf Goldgrund und vertheilen ſich um die ganze Kirche ſo, daß das erſte und das letzte Bild neben der Chorniſche ſind. Das Kreuzbild iſt gerade der Kanzel gegenüber. Unterhalten Sie ſich recht gut damit, und wenn Sie fertig ſind, bitte die Adreſſe Doct. J. Siebert in Frankfurt a. M.

---

1) Der wiederholt erwähnte Almanach von Radierungen von Schwind und Feuchtersleben.

2) Ueber die Kirchenfresken von Reichenhall vgl. C. v. Wurzbach 33, 143, über die Hohenſchwangauer Entwürfe ebenda S. 151.

Großer Hirschgraben 12 brauf zu machen und gegen Schein abmarschiren zu lassen.

Es wartet dann noch der Großherzog von Weimar darauf. Halten Sie nur Ihre guten Vorsätze wegen des Blumentopfes fest, ich habe schon gegen alle Welt damit renomirt, und käme in die schmählichste Verlegenheit. Damit mir München vollends unausstehlich wird, ist mein alter Freund Lachner pensionirt worden, und mit ihm alle gute Musik. Der alte König Ludwig war taub, der König Max blieb nie bis zu Ende; da gieng's, daß man was Gutes aufführte. Der regierende aber, mit seinen Herrn Liszt und Wagner, diesen Hanswursten, wird uns Nägel in die Ohren schlagen, daß es nur so pumpert. Bisher hat man sich doch an der Musik erholen können von den schäbigen Statuen und der verrückten Architektur. — Sie haben eigentlich ganz recht, daß Sie in Lorch sitzen. Frühlingsbesuch soll nicht ausbleiben, wenn's nach mir geht. Sind Sie freundlich zu sorgen, daß die Sachen nicht auf der Post liegen bleiben, und erfreuen recht bald mit einem Brieflein

Ihren M. Schwind.

M., 6. Febr. 1868.

21. Epistel an Moritz Schwind.[1]
Von Eduard Mörike.

Ich sah mir deine Bilder einmal wieder an
Von jener treuen Schwester, die im hohlen Baum,
Den schönen Leib mit ihrem Goldhaar deckend, saß
Und spann und sieben Jahre schwieg und spann,
Die Brüder zu erlösen, die der Mutter Fluch
Als Raben, sieben Raben, hungrig trieb vom Haus.
— Ein Kindermärchen, darin du die Blume doch
Erkanntest alles menschlich Schönen auf der Welt.
Von Blatt zu Blatt, nicht rascher als ein weiser Mann
Wonnige Becher, einen nach dem andern, schlürft,
Sog ich die Fülle deines Geistes ein, und kam,
Aus sonnenheller Tage Glanz und Lieblichkeit
In Kerkernacht hinabgeführt von dir, zuletzt
Beim Holzstoß an, wo die Verschwiegne voller Schmach,
Die Fürstin, ach, gebunden steht am Feuerpfahl.
Da jagt's einher, da stürmt' es durch den Eichenwald,
Milchweiße Rosse, lang die Hälse vorgestreckt,
Und, gleich wie sie, die Reiter selber athemlos —
Sie sind's die schönen Knaben all' und Jünglinge!
Ah, welch ein Schauspiel! — Doch was red' ich dir davon?
— „Hier," sagte lachend neulich ein entzückter Freund,

---

[1] Abgedr. in der Wochenbeilage zur Allg. Zeitung von 1868; Westermann's Monatshefte Bd. 40; auch im neuesten Schwäbischen Dichterbuch.

Ein Mufiker, „zieht Meister Schwind zum Schluffe noch
Alle Register auf einmal, daß Einem das Herz
Im Leibe schüttert, jauchzt und bangt vor solcher Pracht!
— Wenn dort, ein rosig Zwillingspaar auf ihrem Schooß,
Die Retterin auftaucht und der Aermsten Jammerblick
Sich himmlisch lichtet, während hier der König, sich
Auf das Scheitergerüste stürzend, hingeschmiegt das Haupt,
Die nackten Füße seines Weibes hold umfängt:
Wer fühlt den Krampf der Freuden und der Schmerzen nicht
In aller Busen staunend mit? Und doch zugleich
Wer lächelt nicht, wenn seitwärts dort im Hintergrund,
Vom Jubelruf des Volks erstickt, ein Stimmchen hell
Sich hören läßt, des Jüngsten von den Sieben, der
Als letzter kommt geritten, mit dem einen Arm
Noch fest im Rabenflügel, auf die Schwester zu!"
— Genug und schon zu viel der Worte, Theuerster!

Ich knüpfte seufzend meine Mappe zu,
Saß da und hieng den Kopf — warum? Gesteh' ich dir
Die große Thorheit? Jene alte Grille war's,
Die lebenslang mir mit der Klage liegt im Ohr,
Daß ich nicht Maler werden durfte. Maler, ja!
Und freilich keinen gar viel schlechteren als dich
Dacht' ich dabei. Du lachst mit Recht. Doch wisse nun:
Aus solchem Traumwahn freundlich mich zu schütteln, traf,
O Wunder, deine zweite Sendung unversehens
Am gleichen Morgen bei mir ein! Du lässest mich,
O Freund, was mir für mein bescheiden Theil an Kunst

Gegeben ward, in deinem reinen Spiegel seh'n,
Und wie! — Davon schweig' ich für heut! Nur dieses noch:
Den alten Sparren bin ich los für alle Zeit,
So dünkt es mich — es wäre denn, daß mir sofort
Der böse Geist einflüsterte, dies Neuste hier,
Sei meine Arbeit lediglich: die Knospe brach
Mit Einem Mal zur vollen Rose auf — man ist
Der großen Künstler einer worden über Nacht.[1]

---

22. Schwind an Mörike.

Verehrter Freund!

Den schönen Blumentopf habe ich zu meiner Freude im besten Zustand erhalten, habe ihn der Tochter noch nicht geschickt, weil ich demnächst selbst nach Wien gehe und ihn dann selbst mitbringe. Entschuldigen Sie also, daß sie sich noch nicht bedankt hat. Mich selber betreffend, war ich in einem miserablen Zustand. Kopfweh, Halsweh, Ziehen in den Gliedern, Blödsinn arbeiteten zugleich an mir. Angst vor der Grippe, Müdigkeit und dgl. trieb mich endlich in's Bett, wo ich fast den ganzen Tag schlief, bis sich endlich die ganze Geschichte in einen Schnupfen

---

[1] Der Schluß dieser Epistel bezieht sich auf drei, nachmals veröffentlichte Zeichnungen zu meinen Gedichten: „Ach nur einmal noch im Leben", „Märchen vom sichern Mann", „Erzengel Michael's Feder". Anmerkung Eduard Mörike's.

erster Sorte auflöste. Nach langem Schneuzen gab's end=
lich gestern ein tüchtiges Nasenbluten. In Folge dessen
schlief ich sehr gut und erwachte heute nach sechs scheuß=
lichen Tagen zum erstenmal wieder mit einer Art Wohl=
sein, erhöht durch einen glänzenden Morgen und eine nicht
unbehagliche Mattigkeit. In dieser guten Situation traf
mich Ihr Brief und Ihre köstlichen Verse. Sie können
sich denken, wie ich für meine Person schnalzte, nachdem
ich der Meisterschaft dieses herrlichen Gedichtes das ge=
hörige Staunen gezollt hatte. Bis in's kleinste Winkel
hinein, ist alles warmes feines Leben. Sie wissen, ich bin
nichts zum schreiben. Weil aber dieses schöne Gedicht
nicht verständlich ist ohne die gewissen Zeichnungen, an
denen Sie allerdings mehr Verdienst haben als ich; denn
wenn solche Figuren einmal erfunden sind, so ist es keine
große Kunst sie zu zeichnen.[1] — Da es mit den Stuttgarter
Buchhändler=Tropfen nicht gegangen ist, so werde ich mir
auf eigene Faust einen Verleger suchen, der — voraus=
gesetzt und angefragt, daß Sie nichts dagegen haben —
das Ding in die Oeffentlichkeit bringt und zwar:

„Der Pfarrhof von Cleversulzbach,

Epistel an E. Mörike von M. Schwind."

Man läßt's geradezu erscheinen wie irgend eine andere
Vervielfältigung. Warte nur Ihre Antwort ab.

Wenn mir einmal so was Erfrischendes begegnet, wie
Ihre Zuschrift, so wirkt es aber auch gehörig, wie bei

---

[1] Dem Meister Moritz blieb das Satzende in der Feder stecken.

einem Sonntags-Schnupfer. Der ganze Pack, der bei Ihnen war, und ein noch größerer bei mir zu Hause, liegen Jahrelang da, ohne daß ein Verleger darnach fragt, ohne daß die holde deutsche Nation davon Notiz nimmt. Wenn daher einmal etwas Auszeichnendes und Schmeichelhaftes kommt, da bin ich auch bei der Hand und laß mir's schmecken in „meinem kalten Magen."[1]) Also schönsten Dank, und wenn ich Sie mit dem ersten Grün an den Bäumen besuche, machen Sie sich wieder auf eine Schiffs= ladung gefaßt.

Von der Frau alles Schöne.

Ihr ergebenster

M. v. Schwind.

M., 28. Febr. 1868.

---

23. Schwind an Mörike.

Sehr verehrter Freund!

Kennen Sie die großartige Geschichte von dem Offi= ciers=Burschen und den Zündhölzeln? Ein Lieutnant schickt seinen Bedienten um Zündhölzeln und fragt ihn, wie er sie bringt, ob er auch was Ordentliches gekauft habe. Antwort: Ganz gut sein's, i hab's alle probirt.

---

1) Reminiscenz aus Mörike's „Der Bauer und sein Sohn."

So sind die H.... von Kunsthändlern. Sie können erst die probirten Zündhölzeln brauchen. Und von diesem Standpunkt aus sind mir auch meine Mörike-Zeichnungen als unverkäuflich zurückgeschickt worden. Jetzt hol' sie alle mit einander der Teufel! Abgedroschene Heilige und Weibsbilder mag ich nicht machen, und anderes mögen sie nicht, es sei denn Pferde und Hunde.

Ich werde sorgen und das balbigst, daß Sie's bekommen und das verehrungswürdige Publicum kann fressen, was es will.

Selbiger Angriff auf meine Gesundheit ist auch nicht so glatt abgelaufen. Ich habe zu früh wieder gearbeitet, um die Wiener Sachen fortzubringen und habe mich — vielleicht auch durch irgend einen Zug — wieder verdorben. Summa, ich lungere 4 lange Wochen herum und bin noch nicht recht auf dem Strumpf. Das bißl Briefschreiben strengt mich an. Von Reisen ist noch gar keine Rede.

Ihr liebenswürdiges Gedicht habe ich für Paul Heyse, der davon entzückt ist, abgeschrieben. Er colportirt es tapfer. Ich hoffe, Sie halten mich nicht für einen „bescheidenen Lumpen." Was machen Sie denn in Ihrem stillen Lorch? Sind Sie fleißig? Ich rechne immer nach und finde, daß ich dieses Jahr eigentlich gar nichts gemacht habe. Seit der Gripp schlaf' ich den halben Tag und die andere Hälfte wird irgendwie todtgeschlagen.

Wissen Sie, was eine schöne malerische Aufgabe ist? Die „Fee Lau"[1]). Daß dieser ernsthafte Charakter fünf

---

1) In Mörike's „Hutzelmännlein."

mal lachen muß, das ist etwas Darstellbares. Dreimal lacht sie schon. Nur mit dem „Klözle Blei" schaut's bedenklich aus.

Leben Sie recht wohl, verehrter Freund, und erfreuen Sie einen geärgerten und siechen Mann recht bald mit ein paar Zeilen.

Ihr ergebenster Freund
M. v. Schwind.

München, d. 30. März 1868.

---

24 Schwind an Mörike.

Verehrter Freund!

Diesmal waren es schwere Sachen, die mich das erste Grün haben versäumen lassen. Die Vollendung der Wiener Arbeit verzögerte sich schmählich durch eine Versäumniß von 2 Monaten, die ich einem Esel von alten Freund danke, dem ich etwas zu helfen gedachte, durch die Wiederkehr der heillosen Grippe, und wurde mir vollends verbittert durch den Selbstmord meines alten Freundes, des Architekten v. b. Müll, den die leidige Hetzerei der Aemter und die gemeine Schimpferei jüdischer Journalisten endlich zur Verzweiflung brachte. So kam ich endlich verstimmt an, noch kränkelnd und matt, auch noch voll Sorgen, ob den

Bildern kein Schaden zugestoßen auf dem Transport oder beim Einsetzen. — Es ging alles gut vorüber und ich hatte ein gewisses Gefühl von Genugthuung, als mir die letzten 4 Kreuzer aufgezahlt wurden. — —

Ich sitze jetzt ganz allein mit meiner Frau und einem sehr spaßigen Hund am See (Post Starnberg bei München) und beschäftige mich mit der „Fee Lau", 6 Blätter, fünfmal muß sie lachen und einmal ernsthaft sein. Zu „Lucie Gelmeroth", die ich gar sehr liebe, ist ein Initial da, und 6 Blätter von dem Kindertheater und der Flucht auf dem kleinen Pferd.[1]) Ich mache ruhig weiter. Ihr „Rothtraut" kann ich versprechen; jetzt warte ich mit Reisen, bis etwas fertig ist. Ich bin auch müd und habe kein Geld. Ein Besuch in Lorch heißt bei mir: Aufenthalt in Ulm, Lorch, Frankfurt wenigstens 2 Wochen, Carlsruh und Stuttgart. Bei Ihnen, wenn Sie nicht so haussäßig wären, hieße eine Reise nach Starnberg 5—6 Stunden fahren und damit basta.

Das Haus ist ganz leer bei mir. Ja, Sie können ein Gartenhaus für sich haben. Wald, Gebürg und See quantum vis, Kost und Logis quantum sat, und mit welchem gusto wollte ich arbeiten! Und welch' manches schöne Gedicht sollte Ihnen Ruhe, Landschaft und lange Weile entlocken! Sei's gewagt, Sie noch einmal einzuladen! Von Haus sind Sie doch schon einmal weg. Von Buchhändlern reden wir lieber nicht. Es sind Esel, so weit sie warm

---

1) S. oben S. 48.

sind. Haben Sie die Prachtausgabe Uhland's gesehen? Die „Freya" läge mir noch immer am nächsten. Vor der Hand machen wir's, auch in der Ueberzeugung, daß alles, was ich mache, standhaft zurückgewiesen wird.

Leben Sie wohl, verehrter Freund, und erfreuen mich bald mit einem aufmunternden Briefe.

Ihr ergebenster Freund
Schwind.

Nieder Pöcking, d. 12. Mai 1868.

---

25. Schwind an Mörike.

Verehrter Freund!

So weit wär' ich mit den 8 Compositionen zur „Fee Lau" fertig. Jetzt möchte ich natürlich wissen, ob Ihnen die Sachen gefallen. Habe also eine Zeichnung gepaust und erlaube mir, sie Ihnen zuzuschicken. Fällt Ihr Urteil günstig aus, so müßte man Cotta unterrichten, daß nicht nur 12, sondern viel mehr Blätter garantirt sind. (Am besten wohl durch Hartmann.) Ist er noch gesonnen, ein Mörike=Album zu unternehmen, so mag er es sagen. Beliebt er eine illustrirte Ausgabe des „Hutzelmännchens", wäre der fortlaufende Teil der Erzählung in Holzschnitten zu illustriren, wovon auch schon ein Teil da ist, die Geschichte mit dem „magern Pferd" zu ergänzen, „Lucie Gel=

meroth" in Stand zu setzen und dgl. mehr, was eine illu=
strirte Ausgabe der Erzählung gäbe, was auch nicht
zu berachten ist und eine Albumssammlung nicht ausschließt.
Meine Frau hat mich tüchtig ausgemacht, daß ich
meiner Einladung an Sie nicht eine eben so bringliche
an Ihre Frau Gemahlin beigefügt habe. Ich sehe aber
schon, es wird nicht dazu kommen. Sie sind bald wie
unser Freund Fellner, der auch in keinen Eisenbahn=Wagon
zu bringen war. Auf Pfingsten erwarte ich meinen Sohn
aus Ulm, kann also wieder nicht fort.

Lassen Sie mich recht bald wissen, was Ihre Meinung
ist, und zwar höchst aufrichtig, und ob Sie an Hartmann
schreiben wollen, oder ob ich es thun soll. Ich möchte
etwas beitragen, daß Ihnen ein Wunsch erfüllt wird —
bin aber begierig, was der deutsche Buchhandel für Aus=
reden beibringen wird.

Ihr ergebenster Freund
Schwind.

Nieder Pöcking bei Starnberg, d. 22. Mai 1868.

26. Schwind an Mörike.

Verehrter Freund!

Damit Sie wissen, wo der Kopf hingehört, der sich auf dem Umschlagbogen findet, sende ich Ihnen die ganze Composition. Es ist das eine von den bedenklichen. Das Widerhallen des Schmatzes an den Gebäuden ist etwas kühn, aber wie soll man's machen? Gott Vater in einer etwas humoristischen Auffassung wird auch nicht recht sein, und vollends die ganz unzüchtige Umarmung des dicken Quardians und der wohlbeleibten Wirtin ist gar zu unanständig[1]). Sie dürfen überzeugt sein, daß so eine Bestie von Verleger, wenn gar nichts mehr aufzutreiben ist, sogar moralisch wird. Kümmert mich aber gar nicht. Bitte nicht zu vergessen, daß so ein Durchgezeichnetes kaum mehr als die Anordnung zur Anschauung bringt — die feineren Striche sind natürlich Sache der Ausführung in's Runde. Ich bin auch im Ganzen nicht viel weiter mit der Arbeit, habe auch noch gar keine Studien gemacht Weil Sie jetzt nur im Ganzen zufrieden sind, bin ich schon froh. Für mich ist ein guter Contur das Leserlichste und Schönste.

---

1) Betrifft den vierten der erst nach M. v. Schwind's Tode herausgekommenen, von Julius Naue radirten sieben Umrisse: „Die Historie von der Schönen Lau" 1873.

Daß wir Sie nicht zu sehen kriegen, ist schlimm genug. Ich muß jetzt sehen, wie ich mich losreiß'. Ich bin auch

Zeichnung Schwind's zur „Schönen Lau" von Mörike.

nicht mehr so beweglich als vor Jahren, wo ich ein wahrer Virtuose im Reisen war.

Ich habe mich wieder an die „Melusina" gemacht, die immer besser aneinander paßt. Es wird ziemlich in der

Art angeordnet, wie der Lachnerische Fries.¹) Das hat seine verteufelten Mucken; es ist aber jetzt alles überwunden.

Leben Sie recht wohl, empfehlen mich der Frau Gemahlin bestens und schreiben wieder einmal

Ihrem ganz ergebenen
M. v. Schwind²).

N. P., d. 29. Mai 1868.

---

27. Schwind an Mörike.

Verehrter Freund!

Es darf Sie gar nicht wundern, brauchen auch gar nicht zu erschrecken, wenn Sie von einem Besuch bei Ihrem bauerlichen Freund, oder von der schönen Linde³) zurückkehrend, auf Ihrem Kanapee, der Länge nach ausgestreckt, mein εἴδωλον⁴) liegen sehen. Es ist das keine Ankündigung

---

1) Der 1862 entworfene Federzeichnungencyclus: Aus den Leben Franz Lachner's (des berühmten Komponisten und Münchener General-Musikdirektors), eine humoristische Darstellung der Hauptmomente aus Lachner's Leben von seiner Geburt an bis zur Errichtung seines Denkmals. Vgl. C. v. Wurzbach 33, 159 f.

2) Vier hierher gehörige Briefe Schwind's von Juli bis Oktober 1868 bleiben wegen ihres durchaus intimen Charakters weg.

3) Neuenstadt an der Linde.

4) Anm. Mörike's: „εἴδωλον — bezieht sich auf die Lektüre von Daumer's Buch, „der Mystagog," das er bei mir in Lorch antraf und aus dem wir einige Geschichten von Doppelgängern ꝛc. zusammenlasen". Es existirt eine Zeichnung Mörike's, datirt 20. Nov. 1868: Schwind liegt schlafend auf dem Sopha, ein struppiger Kater sitzt auf ihm, am Boden liegt das Buch von Daumer.

oder „Meldung", sondern blos eine starke Sehnsucht meines gewöhnlichen „Ich's", sich in diese angenehme Situation zurückzuversetzen.

Es ist mir gar nicht undeutlich, daß es sehr unartig ist, bei einem Besuch sich hinzulegen und einzuschlafen, ja was noch himmelschreiender ist, seinen Gastfreund aus seinem eigenen Zimmer zu vertreiben — so ist es erstens das Gescheiteste zu schlafen, wenn man hundemüde ist, und gar zu behaglich, aufzuwachen, und sich wie durch Zauberei, in die Stube — ich möchte fast sagen — in die Atmosphäre eines ersehnten Freundes versetzt zu fühlen. Viel poetischer, als wenn man, gemeinerweise zur Thür hineinkommt. Also nehmen Sie's nicht übel. Die Nacht im Wirtshaus war durch ein zärtliches Gespräch meines Nachbars mit seinem Hund — er prügelte ihn nämlich durch, und warf ihm seine Missethaten in einer fulminanten Rede vor — auf kurze Zeit gestört; der Morgen war aber von einer reizenden Klarheit und ich war nahe daran, an Ihrem Hause eine Serenade anzustimmen.

Der Weg bis Donauwörth ist derselbe, den ich als Hochzeitsreisender machte, und seitdem nicht mehr. Ich kam ziemlich erfroren an, auch mit einer Erkältung versehen, was mir ziemlich neu ist; habe aber die ganze Geschichte verschlafen und weiß heute von all dem Zahnweh, Zungenweh u. dgl. nichts mehr. Es hat sich alles in einen wohlthätigen Schnupfen aufgelöst.

Mit der Geisterseherei ist's am Ende wie mit dem Siegellack: wenn man es reibt, zieht es Papierschnitzeln an und dergleichen Dinge mehr, es ist aber zum Petschiren auf der Welt. So kann man aus des Menschen Geist auch allerhand herausfrottiren, aber vernünftig denken wird ziemlich das Gescheiteste sein, was er thun kann. Unsere angenehmen Spaziergänge und Gastmahle werden mir unvergeßlich sein, und nichts sollte mir lieber sein, als Ihre herzliche Gastfreundschaft an Ihnen und Ihrer Frau Gemahlin in meinem Hause nach Kräften zu erwiedern. Sie sind aber ein Heide und kommen nicht. Wenigstens sollten Sie sich schämen, noch kein Bild von Rafael gesehen zu haben, das ein Skandal, ein Ärgerniß, eine Sünde in den heil. Geist ist. Dixi. Möge Ihr stilles freundliches Asylleben durch nichts gestört werden!

Ihr alter Freund Schwind.

M., 22. Nov. 1868.

---

28. Schwind an Mörike.

Verehrter Freund!

Graf Platen schreibt in seinen Lebensregeln: „Schreibe an deine Freunde nicht zu oft und nicht zu selten.!" Wie oft damit gemeint ist, wird zwar nicht klar, aber ich denke, von Ende November bis halben Januar ist eine hübsche Zeit. Ich nehme an, daß keine Abhaltung schlimmer Art eingetreten ist, und werde wohl das Rechte treffen, wenn ich behaupte, die Lehre vom Intestinal-Vers will nicht recht

Le chat noir. Zeichnung von M. von Schwind. (Vgl. S. 67.)
Joseph Joachim gewidmet.

zum Durchbruch kommen, und Sie mühen sich innerlich vergeblich ab, den überwundenen Standpunkt zu behaupten und wollen sich immer noch nicht in die Arme der Zukunfts-Poesie werfen, wo allein Heil ist. Was wollen Sie! Vergebliche Mühe! Sehen Sie, ich habe den großen Schritt gethan und beschwöre Sie, ein Gleiches zu thun. Ich bin Musiker geworden und zwar Zukunfts-Musiker, im zweiten höheren Grade. Weg mit dem alten, steifen, trocknen Notensystem! Veraltet, überwunden, abgethanes Zeug — es braucht ein neues, durchgeistigtes, lebensvolles Ausdrucksmittel für meine neuen ungeahnten Gedanken — ob es Töne, Bilder oder der Teufel weiß was sind, das ist auch ganz Wurst — ich habe das Unglaubliche geleistet. Beiliegende Hr. Joachim gewidmete Sonate [1]) sei ein redender Beweis. Er gesteht, daß er nicht im Stande ist, sie zu spielen — dieser Hexenmeister auf der Geige! Aber sie ist nachgedruckt worden, bevor sie noch erschienen ist, und in den „Signalen für Musik" glänzend neben Werken von Bülow angezeigt. Preis 54 Kr! Welch ein Erfolg! Nebenbei kann bemerkt werden, daß Joachim und ich dem berühmten Orden von der schwarzen Katze, unter dem Hr. Kapellmeister Scholz als Ober-Katze, angehören, und daß dieser unscheinbare Anlaß es war, — der diesen Riesenschritt in der Musik hervorrief. Und da Sie mitunter ein Freund von Narrenspossen sind, bin ich so frei, Ihnen

---

1) Es ist die bekannte Katzensonate: „le chat noir. Grandes variations de concert, dédié à Mr. Joseph Joachim par Moriz de Schwind" 1866.

Gegenwärtiges zuzusenden. Außerdem bin ich wieder hübsch geplagt gewesen. Die Melusine, so „eine lange Arbeit" wie Grillparzer eine Tragödie nennt, hat ihre verzweifelten Mucken. Man muß bei jeder Kleinigkeit den ganzen Plunder im Kopf haben. Und die Menge Pferde! Ein Paar Pferdchen kann Einen toll machen. Item, ich bin alle Tage daran und freue mich darauf. Die Sammlung an Personen zählt jetzt 36 Nummern und wird auf 40 kommen. Auch ein Verleger in der Person des Kunsthändlers X., der die Kaulbach'schen Sachen verlegt, ist herangeschlichen. Wer weiß, was geschieht. Es ist nur schwer, meine Sachen in seine „Trauerwaaren=Handlung" einzuschieben. Es soll bei den Leuten alles schwarz sein. Das Gesicht hätten Sie sehen sollen, mit dem er diesen Titel hinuntergewürgt hat. Schadet ihm aber nicht. Der neue Schnee bringt mir Lorch recht in Erinnerung und ich denke, Sie leben da ganz nach Lust. Die Aufregungen der Besuche werden Sie nicht plagen. Jetzt empfehlen Sie mich der Frau Gemahlin bestens und schreiben wieder einmal ein paar Zeilen

Ihrem ergebensten

München, 19. 1. 69. M. v. Schwind.

Mein εἴδωλον ist gewiß auf dem Kanapee gelegen. Nichts gesehen?

---

29. Schwind an Mörike.

Sehr verehrter Freund!

Ich will Sie nur mit zwei Worten dringend ersuchen, ja nicht an mich zu schreiben. Ich bin über Ihr Befinden unterrichtet und beruhigt, also sollen Sie sich nicht zum Schreiben quälen. Kopfweh ist eine fatale Sache, aber Unaufgelegtheit, meinetwegen Faulheit sind beneidenswerthe Sachen.

Ich arbeite mit einem sozusagen lasterhaften Fleiß an der Melusina herum, bin auch über den schlimmsten Berg beinahe weg, aber wozu? Bilder gibt's doch genug auf der Welt. Lassen Sie sich lieber zwei schöne Anmeldungsgeschichten erzählen, die Lachner begegnet sind, der einem Träumer so wenig ähnlich sieht, als auf dieser Welt nur möglich ist. Er sitzt mit seiner Familie am Tisch, wo man eben zu Nacht gegessen. In einem Moment, wo alles schweigt, zerfährt die gläserne Salatschüssel in tausend Splitter. Er schreibt sich die Uhr genau auf und erhält in ein paar Tagen die Nachricht, daß ein alter Freund in derselben Stunde und Minute auswärts gestorben.

Ebenso erklingt nach dem Tode seiner Frau spät Abends auf dem Klavier ein fest angeschlagener G-dur Akord, den nächsten Abend schwächer, den dritten wie verhallend. Er kennt den Ton des Klaviers genau — überzeugt sich, daß Niemand im Zimmer gewesen und gewesen sein kann, kurz alles in Ordnung.

Leben Sie recht wohl und bessern Sie sich in Ihrer Gesundheit, so wie auch die verehrte Frau Gemahlin.

Bald werden wir wieder vom ersten Grün reden können.

Ihr ganz ergebenster
M. v. Schwind.

M., 16. Febr. 1869.

---

30. Schwind an Mörike.

Sehr verehrter Freund!

Es war nicht meine Absicht, Sie zum Schreiben zu forciren, gleichwohl ist es aber geschehen. Insofern ist mir ganz recht geschehen, daß ich die schauderösen Verse an Gryllos habe lesen müssen, die mir keinen schlechten Schrecken verursacht haben. „Stirb sodann" das ließe ich mir noch gefallen, aber „werde Asche" das ist zu viel verlangt. Es hat überhaupt noch gar keine Eile bei mir, denn trotz den ruchlosen Verlegern finde ich es auf der Welt gar nicht übel, namentlich wenn sie so schön grün wird. — — — —

Exemplare „Das Pharrhaus von Cleversulzbach" wird Ihnen die Kunsthandlung zustellen lassen, da ich selber dieser Tage verreise, um meinem Sohn einen Besuch in der Nähe von Belgrad abzustatten. Auch nicht übel.

Von seinen Fenstern sieht er über die Pußta weg am Horizont den Balkan!

Mir thut eine Erholung Not, denn ich arbeite seit dem neuen Jahr an der vertrackten Melusina und zwar diesmal an der ganzen Reihe zugleich — natürlich, da es eigentlich ein einziges Bild ist, 19 Zoll hoch und dabei 40 Fuß lang — bis da nur alle Einteilungs=Geschichten und Motive bestanden waren, das hat was gebraucht. Eins ist bei so langen Geschichten ärgerlich, daß so mancher kleinere Gedanke unter den Tisch fällt. Was ist aber zu machen!

Wollen Sie mir einen recht großen Gefallen thun? Es ist weder ein Brief, noch ein Gedicht, noch eine Hafner=Arbeit — und doch von allem etwas. Wir haben eine junge Freundin, Lachner's Tochter, ein Mädl, die gewöhnlich nicht viel spricht, aber schön und liebenswürdig ist, wie wenige. Die erklärt frisch weg: „Schön Rothtraut" sei das allerschönste Gedicht auf der ganzen Welt, und sie ist in der Litteratur bewandert. Möchten Sie es nicht eigenhändig für sie abschreiben? Sonderbare Zumuthung! Aber Sie machen dieses treffliche Wesen glücklich.

Wollen Sie einen Groschen dran wenden und es ihr selber schicken, so heißt sie Frl. Mimi Lachner, München, Dienersgasse No. 11, 3 St.

Wollen wir sehen, was Sie thun.

Die Szene mit dem Prior und der dicken Wirthin[1]),

---

[1] Aus „der schönen Lau".

hab ich kolorirt! Das ist zu lustig. Sie werden's schon sehen.

Sonst ist die Frau von dem heillosen Zahnweh frei! Gott sei's getrommelt und gepfiffen. Vielleicht reist sie bis Wien mit. Wenn ich also da unten nicht erschlagen werde al solito, habe ich in 14 Tagen oder so was wieder die Ehre.

M. Schwind.

M., 11. Mai 1869.

---

31. Schwind an Mörike.

Sehr verehrter Freund!

Ich habe meinen Skalp=Skalp glücklich wieder nach Haus gebracht, bin aber nicht in Belgrad gewesen. Hab' ich ungeschickter Mensch die Verse vergessen, an denen die Fee Lau versprochen hat, ihre Landsleute zu erkennen![1] Wäre also der Hauptzweck doch verfehlt gewesen.

Übrigens bin ich sehr befriedigt heimgekehrt, denn ich habe meinen Sohn gesehen, ganz zufrieden mit seiner Situation, schaffend zur größten Zufriedenheit seiner Brod=geber, und gewissermaßen berühmt; denn er ist der Glück=liche, der die ersten Pfähle zu einer Brücke über die Donau geschlagen hat, was für Ungarn ein Ereignis ist. Des=

---

[1] Vgl. Mörike's Gesammelte Schriften 1878. 2, 140 f.

gleichen in Wien meine Tochter, mit einem allerliebsten Kinde, und in einer sehr freundlichen Wohnung, also ganz glücklich. Das Theater, an dem ich mitgeholfen habe malen, ist ein wahres Wunder. Ein so poetisches Stück Architektur wie die Stiege, Foyer und Loggia, steht glaube auf der ganzen Welt nicht wieder. Der Kaiser, dem ich in einem zu leihen genommenen Frack meine Aufwartung machte, um mich für den Leopolds-Orden zu bedanken, war außerordentlich freundlich, und überdieß war Hochzeit in meines Bruders Hause — also alles prächtig.

Gestern erst sah ich Lachner, wo ich erfuhr, daß Sie, statt mich mit meiner unverschämten Bitte abfahren zu lassen, wirklich so freundlich waren, der Mimi ein eigenhändiges Exemplar „Rothtraut" zukommen zu lassen. Das gute Mädel ist ganz glücklich, und ich fürchte nur, dieses gute Ding, das bis jetzt so bescheiden war, wird jetzt stolz werden und uns nicht mehr anschauen. Nur mit einem schriftlichen Dank an Sie will's gar nicht weiter gehen. Sie sagt, Ihnen gegenüber schäme sie sich. Wollen sehen.

Herr Bruckmann wird Ihnen zuschicken oder zugeschickt haben das erste Blatt von „Das Pfarrhaus von Cleversulzbach. Mörike's Freunden gewidmet von M. S."

Möge es Ihnen Freude machen und möge alle Welt daraus lesen, wie sehr ich Sie verehre!

Ich sitze an der Melusina und habe die Ehre zu versichern, daß das Ding gar nicht gehen will. Ich sehe nicht recht und mache einen Schnitzer nach dem andern.

Vielleicht wär's gescheidter ich ließe die ganze Geschichte liegen und begnügte mich mit leichteren Sachen. O Gryllos, Gryllos!

Recht schön, aufmunternd und erquickend wäre es, wenn man daran denken könnte, Sie, Verehrtester, einmal zu entwurzeln und für etliche Tage hieher zu bereden. Es ist von Lorch auch nicht weiter, als von der Canzleistraße nach Cannstadt. Einsteigen und aussteigen, damit ist's fertig! Wie würde sich Lachner freuen! Ich werde so bald nicht wegkommen und bin von meinen Irrfahrten etwas müd. Leben Sie recht wohl, seien Sie noch einmal schönstens bedankt, empfehlen mich der Frau Gemahlin und vor allem schreiben recht bald

Ihrem ganz ergebenen

M. v. Schwind.

Nieder= Pöcking bei Starnberg, 11. 6. 69.

32. Mörike an Schwind.

Lorch, den Jun. 69.

— — — — — — — — — — — — —
— — — — — — — — — — — — —
— — — — — — — — — — — — —

„Zuvörderst zeigt sich eine hohe Pilgerin
Am Gartenpförtchen, mütterlichen Blicks den Strauß
Hinnehmend aus der Kinder Hand und einen Trunk,
(So gut, als wir ihn eben haben hier zu Land);
Mein ungeschlachter Riese in der Höhle dann,
Vom jungen Gott bei seinem dumpfen Werk belauscht:
Dein ganzes Mark und alle Schalksanmuth und =Lust
Ist hier beisammen, wie nur irgend sonst einmal.
Schön=Rahel dann, die Engelsfeder in der Hand.
Ein atmend Bild, in Paradiesesluft getaucht!"

— — — — — — — — — — — — —
— — — — — — — — — — — — —

Mit diesem neulich wieder aufgefundenen Fragmente einer vor Jahr und Tag für Sie, Verehrtester, entworfenen und nicht zur Ausführung gekommenen Epistel hab' ich das Vergnügen, Ihnen die glückliche Ankunft Ihres neuesten Geschenks zu vermelden. —

Es ist ein prachtvolles Blatt, das mir und den Meinen, teils an und für sich als ein dreifaches treffliches Kunst=werk, teils aber auch als unschätzbares öffentliches Denk=

mal Ihrer Freundschaft, die größte Freude macht. — Ich nahm es dieser Tage, um es zunächst in meinem engsten Kreise vorzuzeigen, mit nach Stuttgart, wo es bereits im Kunsthandel zu haben, jedoch noch nicht ausgestellt war. —

Gewiß wird Herr Bruckmann für eine ausführliche Anzeige von tüchtiger Hand in der Allgem. Zeitung Sorge tragen. — Dann wollen wir sehen, wie unsere beiderseitigen Freunde sich bei dieser Einladung benehmen. —

(Hänschen, mach' die Thüren auf,
Sieh nur, ob sie kommen!)

Natürlich ist dabei vorzüglich auf die Masse der Ihrigen zu rechnen. Ich aber habe von diesen nebenbei vielleicht den Vorteil, daß sie mein Buch als Kommentar mit kaufen müssen. —

Jetzt, bester Herr, meinen herzlichen Glückwunsch zur wohl vollbrachten Reise, auf welcher Ihnen nur das Angenehmste sowohl in Eßek als in Wien begegnet ist. —

Ich bin Ihnen bis über Belgrad auf der Karte fleißig nachgegangen und habe mir den Balkan als ihr letztes Augziel angeschaut. — Daß Ihnen aber bei der Rückkehr in Ihr stilles Atelier die Melusina mit einer zweideutigen Miene entgegengetreten sein soll, wird hoffentlich nur Täuschung sein. — Sie sagen nicht bestimmt, wo eigentlich der Haken sitzt. — Liegt er an der Erfindung, so kann, wie es dem Künstler und dem Dichter ja hundertmal geschieht, ein einziger glücklich erleuchteter Moment, auf den man sich die Zuversicht im Innern nur stet erhalten muß, ohne sich darum zu hetzen, mit einem Mal Alles in's Gleiche bringen. Daß die ganze Konception an einem entscheidenden

Fehler leide, der sich erst jetzt im Verfolg der Arbeit offenbarte, ist mir nicht wahrscheinlich.

Vorige Woche besuchten mich Prof. Vischer und Berthold Auerbach. — Da war auch viel von Schwind die Rede, und in welchem Sinn, können Sie denken. — Leider war das photographische Blatt damals noch nicht angekommen und fast wollte ich mir die Haare darüber ausreißen, daß ich auch Ihre 7 Zeichnungen zur Lau nicht bei der Hand hatte, sie sehen zu lassen!

Was ist denn ihr Urteil von Markart's vielbesprochener Pest in Florenz? —

Leben Sie wohl und seien bestens Ihrem Genius empfohlen! —

Viel Schönes, wenn ich bitten darf, Ihrer verehrten Frau Gemahlin, sowie dem Lachner'schen Hause. — An der großen Genugthuung, welche Ihr Freund durch sein neustes Orchesterwerk in dem Oster-Konzert erlebte, hab' ich seiner Zeit (nach dem Bericht der Allgem. Ztg.) auch redlichen Anteil genommen. —

Wie immer ganz der Ihrige

E. M.

33. Schwind an Mörike.

Verehrter Freund!

Bei mir eine solche Wirtschaft im Haus, daß ich gar nicht zum Schreiben komme. Meine zwei verheiratheten Töchter sind da mit ihren 3 Kindern und zwei Kindsmädeln — thut sieben Frauen-Zimmer. Was Sie von der Melusina schreiben, zeigt mir, wie gut Sie wissen, wo Einen der Schuh drücken kann. Es war aber hauptsächlich eine gewisse Angst vor dem Entschluß, sich wieder drei Monate hinzusetzen und mit Hindernissen, wovon nachlassende Augen das bedeutendste ist, zu arbeiten. Was ist aber zu thun? Ich habe in Gottes Namen angefangen und stecke jetzt bis über die Ohren drin. Es geht auch alle Tage etwas besser — also machen wir fort und sehen, was herauskommt.

Sie fragen mich, was ich von Makart's Bild halte? Erstens habe ich's gar nicht gesehen, weil ich den ganzen Mann und die ganze Wirthschaft hinlänglich aus früheren Sachen kenne. Diese Konzert-Possen mit ihrem f . . . . Hintergrund sind mir von Herzen zuwider.

Wahrscheinlich ist es sehr zeitgemäß.

Eine so große Arbeit hat das dumme, daß man eine Menge anmuthiger kleiner Gedanken darüber versäumt, und die ganze lange Zeit an nichts anderes recht denken kann. Wahrhaftig, sein ruhiger Schlaf ist Einem verkümmert, denn es träumt Einem immer von dem Teufelszeug. Ein Monat ist aber herum und die andern werden auch vergehen. Ich erinnere mich an ein Gedicht von Grillparzer, worin er klagend bemerkt, daß Abends die Schützen nach Hause kehren, jeder mit irgend einer kleinen Beute — er aber, der's nur auf einen Hirsch abgesehen, sei leer ausgegangen — Hätt' ich doch auch mit Schrot geladen! schließt die Sache.

Es nutzt aber alles nichts, morgen kommen zwei schöne Nixen an die Reihe, auf die ich mich sehr freue, und nächste Woche ein sehr gefährliches Bild, auf das ich mich schon lange freue, und so kommt's immer dicker, bis auf einmal Feierabend da ist. Zum Glück ist der klagende Schluß=chor mit einem aus Schleiern bestehenden Nebel noch das Allereinladendste. Wollen Sie so gut sein, meiner etwas bedenklichen Latinität etwas zu Hülfe zu kommen. Es ist ein Felsen, auf dem steht:

„hic erant fontes Melusinae";

heißt das: hier war der Brunnen der Melusina? Empfehlen Sie mich der Frau Gemahlin allerbestens und lassen Sie sich's in dem schönen Lorch recht wohl sein.

Ihr ganz ergebener
M. v. Schwind.

Nieder=Pöcking
bei Starnberg, 30. Juni 1869.

34. Schwind an Mörike.

Sehr verehrter Freund!

Wie sehr recht hat der alte Grillparzer, wenn er sagt: „mit den langen Sachen ist es nichts mehr." Darunter versteht er Trauerspiele, und ich verstehe darunter 45 Schuhe Melusina. Es wird, Gott sei's geklagt, immer mehr statt weniger, und man meint, es sei gar nicht zu erleben. Eine wichtige Gruppe fehlt noch ganz; $4^1{}_{,2}$ Schuh müssen durch neue ersetzt werden und dann fehlt überall die Feile. Es wird mein ganzer Landaufenthalt bis Ende September noch drauf gehen. Aber was ist zu machen? Früher habe ich meine 8—10 Stunden des Tages gearbeitet und dann gesungen und gepfiffen; wenn ich jetzt von 8—1 arbeite, bin ich halb todt.

O Gryllos, Gryllos! — Dazu war das ein Spektakel im Haus mit zwei Töchter, drei Enkel, vier Mägd' und einer Nichte, einer Halsgeschwürgeschicht, einer Freundin, der ihr Mann starb, der meine Frau vier Tage und Nächte zuschauen half, . . . zwei Schwiegersöhne, Abschiede, Wiedersehen, dazwischen eine endlose Wascherei, Kocherei und aller Teufel! Folge davon, daß meiner Frau ihre ganze Nervenwirtschaft aus dem Leim ist und sie irgend wohin auf's Land muß, um sich zusamm' zu glauben. Das ist das schönste Arbeitswetter, das man sich wünschen kann.

Ein Gutes hat's — daß ich entschuldigt bin, meine Arbeit nicht zur Ausstellung gebracht zu haben. Sei'n Sie froh, daß Sie's nicht sehen müssen. Es sind rari nantes, kleine zierliche Dinge da, aber summa summarum ist höchst betrübt. Altersschwäche epidemisch! Gott sei Dank, ich habe gute Bilder genug gesehen. Von Ihnen etwas zu hören, wäre gar zu schön. Wäre die vertrackte Melusina nicht, ich hätte Sie schon längst auf ein paar Tage besucht. Vielleicht ist ein Zeitpunkt nicht fern, wo es angezeigt erscheint, sich etwas aufzufrischen.

In meiner Einsamkeit höre ich gar nichts von dem „Pfarrhaus von Cleversulzbach". Zeitungen lese ich auch nicht, also habe ich gar keine Ahnung, ob das Publicum davon Notiz nimmt oder nicht. Wahrscheinlich das letzte. Wenn ich auf einer Ausstellung an meine Sachen denke, so ist mir ganz zu Muthe wie manchmal im Traum, wo man in der Kirche ist, oder auf sehr belebter Straße, und bemerkt auf einmal mit Schrecken, daß man seine Hosen zu Haus gelassen hat.

Leben Sie recht wohl, verehrter Freund. Ich thäte vielleicht besser, mich mit einer simpeln Visiten-Karte Ihnen in's Gedächtniß zu rufen, als mit diesem sehr dummen Briefe — aber er wird besser als jene darthun, daß ich ein verwirrtes und verteufeltes Leben führe, bis es dem Himmel gefällt, es zu ändern.

Ihr ganz ergebener
M. v. Schwind.

N. P., 11. Aug. 1869.

35. Mörike an Schwind.

Lorch, b. 25. Aug. 69.

Verehrtester! Wir beide haben uns, wie ich aus Ihren lieben Briefen sehe, was die Gestalt unserer Häuslichkeit betrifft, längere Zeit in ziemlich ähnlicher Lage befunden. — Es ging sehr bunt bei Ihnen zu, bei mir nicht weniger, theils durch befreundete Besuche von da- und dorther, theils durch den 4—5 Wochen langen Vacanzaufenthalt der Kinder und meiner Schwester Clara. — Ein großer Unterschied besteht indessen in der Art, wie wir diese Tage zubrachten; denn während ich auf alle Thätigkeit verzichtete, ist Ihre schöne Nymphe doch von einer Station zur anderen fortgerückt, und wenn sich nur erst Ihre edle Hausfrau wieder von den mancherlei Troublen erholt haben wird, bleibt Ihnen wenig Ursache zu klagen. —

Um mir die Melusina wieder vollkommen zu vergegenwärtigen, ließ ich das betreffende Bändchen von Gustav Schwab's Sammlung deutscher Volksbücher kommen, und fand, wie zu erwarten war, daß dieser Stoff sich unter Ihrer Hand vielfach modificirt, erweitert und vergeistigt haben muß. — Sie können sich vorstellen, wie verlangend ich bin, etwas davon zu sehen. — Der klagende Schlußchor mit seinen Nebelschleiern hat meine Phantasie sogleich besonders lebhaft angeregt. — Die Inschrift auf dem zwischen Anfang und Ende des Cyclus gestellten Felsen anlangend, habe ich nur den Zweifel, ob das vergangene Tempus so dicht neben der gegenwärtigen Handlung in den Bildern sich recht passen will; ob es nicht vielleicht besser ganz einfach „Fontes Melusinae" hieße? —

Daß diese Kompositionen in ihrer ersten Form nicht auf der Münchener Ausstellung erscheinen, ist mir durchaus nicht leid. — So etwas ist für die große neugierige Menge zu gut und übrigens will es für sich allein genossen sein. — Hier war „die Widerborstigkeit" (Beilage zur Allgem. Zeitung vom 15. Jun. München. Kunstbericht) des Künstlers ganz am Platze. —

Sie geben uns Aussicht auf einen Besuch für den Herbst — das wäre recht schön, um so mehr, da wir uns ein folgendes Jahr wohl schwerlich in Lorch wieder sehen werden. — Nachgerade vermißt man doch sehr das ungetheilte Familienleben und der doppelte Haushalt macht sich zu lästig. — Auf Martini ziehen wir weg. — Wenn Sie kommen, bringen Sie ja von Ihrem Neuesten einiges mit, und geht dies nicht, doch etwas Älteres. —

Ueber das „Pfarrhaus von Cleversulzbach" ist irgend eine öffentliche Stimme auch zu mir noch nicht gedrungen. — Wir erhalten die Zeitschriften immer spät, packweise gesammelt; so weiß ich nicht, was in der weiten Welt darüber etwa schon verlautet hat. — Soviel ich persönlich von Einzelnen höre, ist Jedermann bezaubert von dem Blatt! —

Beifolgenden Spaß verwenden Sie gefälligst zum nächsten besten Geburtstag innerhalb Ihres Familien- oder Bekanntenkreises. — Natürlich ist nur das Verschen von mir, ben Ausschnitt habe ich von einer kunstfertigen Stuttgarter Freundin. —

Herzliche Grüße und Empfehlungen von Haus zu Haus.

Ihr ganz ergebener
E. Mörike.

Zwei Lückenbüßer aus meiner gegenwärtigen Lectüre.

„Die Vittoria von Albano, das berühmte Modell in Rom — war klein, ein plastischer Mangel; ihr Kopf schien die verschiedensten Ideale in sich zu vereinigen; das Staunenswerthe war eben die Vereinigung, aber scharf geprüft konnte doch keins in dieser Vereinigung nach allen Teilen befriedigend erscheinen, und der plastisch eble Kopf konnte überhaupt nicht jene Tiefe des Ausdrucks haben, die nur da ist, wo ein gewisser Grad von Unregelmäßigkeit die Linie des Formenadels mit zartem Striche durchbricht." —

„Eine Orgie am Abgrund ist tragisch, komisch, oder sie ist frivol und begründet von innen heraus Häßlichkeit des vorgeblichen Kunstwerks". —

Hierbei ist mir Makart's Gemälde eingefallen. —

Von wem denken Sie, daß diese Sätze seien? —

36. Schwind an Mörike.

Sehr verehrter Freund!

Wie sehr ich über Ihren Brief erfreut war, können Sie sich gar nicht denken. Ein paar Tage vor seiner Ankunft traf ich einen verruchten Schwaben auf dem Dampfschiff, der von einer schweren Krankheit wissen wollte, die Sie befallen. Ich war noch im Schwanken, an wen ich mich um Nachricht wenden wollte, als Ihr Schreiben frisch und gesund ankam. Zierlicheres als Ihre freundliche Sendung [1]) ist mir noch nicht vorgekommen. Es wird in kurzer Zeit Gelegenheit haben, es abzugeben, und Sie können mich in vornhinein um das Erröthen beneiden, mit dem es angenommen werden wird. Da heißt es wieder: "von Bock war so glücklich, das Strumpfband zu finden, von Kalb war so glücklich, es zu überreichen". Tausend Dank. Mit der Melusina geht's mir wie Einem, der sich

---

1) „Das ausgeschnittene Röschen ist damit gemeint". Anm. Mörike's. Ein kleines Kunstwerk jener Freundin des Dichters, welche die reizenden Silhouetten anfertigte. Vgl. Gedichte S. 285. Zum ausgeschnittenen Röschen schrieb Mörike die Verse:
„Ich hatt ein Röslein wunderzart
Auf diesen Tag für Dich gespart,
Allein es welkte vor der Zeit,
Ihm selbst wie mir zu großem Leid.
Es welkt' und starb! — Vielleicht jedoch,
Sein bitter Loos ihm zu versüßen,
Vergönnst Du seinem Schatten noch,
An Deinem Feste Dich zu grüßen."

mitten in den See gearbeitet hat und jetzt schwimmen muß, sonst ersauft er. Athem und Kräfte langen noch, Gott sei Dank, und das jenseitige Ufer ist jedenfalls schon viel näher, als das diesseitige. Die Kiste, in der die aufgezogenen Papierbogen von München nach Starnberg gebracht wurden, kann geradeso die gemalten aufnehmen, und ich sehe nicht ein, warum sie nicht, statt direkt nach München, ihren Weg über Lorch nehmen soll. Rahmen und Gläser brauchen wir nicht. Von den 6 ersten Bogen habe ich Skizzen und dachte schon öfters, sie auf einer ländlichen Rolle Ihnen zuzuschicken — sie sind aber zu schlecht. Drei fast fertige Zeichnungen habe ich ausgemustert der Einteilung zu lieb! — Es darf Einem eben keine Mühe zu viel sein.

Ludwig Richter, „der praktische", wird erwartet. Ich dachte daran, Sie abermals mit einer Einladung nach München zu plagen, aber Sie würden nicht kommen!

Daß Sie endlich wieder nach Stuttgart gehen, finde ich ganz begreiflich. Sie sind lang genug von den Kindern weggewesen. „Fontes Melusinae" wird das bessere sein, obwohl ich mir aus der vergangenen Zeit nicht viel gemacht hätte.

Wer die „Lückenbüßer" geschrieben haben könnte, kann ich mir nicht denken. Es kann aber ein Kunstschreiber von Profession gewesen sein, weil er ganz frisch weg Dinge schreibt, die nicht so waren. Die schöne Vittoria (Caldoni) in Albano war gar kein Modell. Nicht nur, daß niemand ihr kleines allerliebstes Körperchen gesehen hat, — ich selber habe mir das Vergnügen, ihren reizenden Kopf zu zeichnen, mit der plumpen Zumuthung von etzlichen Dukaten verscherzt.

Ich war einen Abend im Hause (pallazzo Caldoni) und bemerkte gar nichts weder von mangelnder Unregelmäßigkeit, noch mangelndem Ausdruck, und hätte sie am liebsten aufgefressen. Sie war über die erste Frische weg, und befragt, ob sie sich unwohl fühle oder dgl., antwortete sie ganz artig: m'anche marito. Auch nicht übel.

Einen Lückenbüßer kann ich Ihnen auch mittheilen. Sagt Einer über die große Ausstellung: Wollte Einer in der Litteratur etwas Ähnliches herstellen — versteht sich mit Ausnahmen — so müßte er eine Sammlung von Abtritt-Inschriften herausgeben — und es ist nicht weit gefehlt, Gott sei's geklagt.

Mit den besten Grüßen Ihr ganz ergebener
M. v. Schwind.

N. P., 28. Aug. 1869.

---

37. Schwind an Mörike.

Sehr verehrter Freund!

Jetzt hätte ich gemeint, es ginge mit der Melusina ein Ende her — aber dem ist nicht so. Ein sehr wichtiges Stück stellt sich als so abscheulich heraus, daß nichts übrig bleibt, als es ganz neu zu machen. Glücklicher Weise habe ich noch so viel Kräfte aufgebracht, daß die neue

Anordnung feststeht, und das andere findet sich von selber. Das muß ich aber sagen: ich fange nicht bald wieder so eine lange Wurst an; aber wie es jetzt beisammen steht, macht es sich nicht schlecht, und es rechtfertigt sich, daß ich so lang brauche.

Das Einpacken in Starnberg zeigte sich als ein so umständliches Unternehmen, daß ich den Gedanken aufgeben mußte, die Kiste in Lorch aus= und einzupacken; auch waren die Lücken noch gar zu fühlbar.

Unterdessen ist der Winter herangekommen, wir haben recht hübschen Schnee auf Dächern und Straßen, und der vorgehabte Besuch in Lorch ist in die Brüche gegangen. Nächster Tag' geht meine Frau nach Frankfurt zur Tochter, da kann ich wieder nicht fort, möchte auch nicht mehr, bis das Stundenwerk vom Halse geschafft ist.

Sie können dieser Schreiberei ansehen, daß ich ausgetrocknet bin wie ein Häring; sämmtliche Geisteskräfte, namentlich das Sitzfleisch, dieser Urgrund alles Schaffens, empört sich gewaltig. Gleichwohl suche ich noch so viel aufzubringen, um Ihnen zu sagen, daß ich mit dem Namens=tags=Gedicht eine ungeheure Freude erlebt habe, daß Wahrscheinlichkeiten dafür da sind, daß man sich in Person bedanken wird, daß ich immer wieder einmal in Ihren Gedichten lese, daß ich fleißig an Sie denke und mich gewaltig freuen würde, wieder einmal von Ihnen zu hören. Empfehlen Sie mich Ihren Damen allerschönstens und vergessen nicht Ihren

ganz ergebenen M. v. Schwind.

München, 28. Okt. 1869.

38. Schwind an Mörike.

Verehrter Freund!

Wenn Einer eine so große Arbeit wie die Melusina anfängt, ist er eigentlich ein Narr, und wenn er sie durchführt, ist er noch einmal einer. Aber was nützt es, das zu wissen! Das Laster sitzt zu fest und läßt Einem keine Ruhe. Heute habe ich den letzten Unterrock gemalt und einige grüne Blätter. Ex est, an die Wand gestellt und ein Tuch darüber! Herogegen das Ränzl gepackt und morgen geht's nach Wien! Seit dem neuen Jahr, also zwölf volle Monate hange ich nun, mit Ausnahme eines Ausflugs im Frühjahr und 6 oder 8 lausigen Zeichnungen, hange ich an diesem opus und onus, kein Wunder, daß ich vollständig auf dem Hund bin. „Non sono fiacco, ma sono mezzo morto" schreibt ein italienischer Maler an den Herzog von Mailand.

Jetzt wird einmal 14 Tage gefaulenzt, dann wollen wir sehen, was wir gemacht haben. Ohne Zweifel das achte Weltwunder. Wenn nur Freund Mörike in einem guten Pelz und geheiztem Wagon die Rundfahrt um die Welt, von Stuttgart nach München, zu wagen zu bewegen wäre. Es ist gar leicht sagen: wir packen das Zeug in eine Kiste; wenn's aber drum und dran geht, wird Einem grün und gelb, und ob das aufgezogene Papier die Kälte aushält ohne Schaden, weiß der Teufel. Die Gläser sind ohnedem hin, Gläser, deren Anschaffung meine mangelhaften

Kenntnisse im Einmaleins bedeutend gefördert haben wird. Ich weiß jetzt ganz genau und für immer, daß $9.9 = 81$ ist. So was merkt man sich.

Ich kann die Wiener, die sich lang und bestimmt auf mich freuen, nicht sitzen lassen; sonst ließe ich die Gelegenheit nicht vorbei, mit Ihnen und Lachner zusammen einen Abend zu verkneipen. Aber es geht nicht mehr. Grüßen Sie den Alten vielmals, und gratuliren zu den Leipziger und hoffentlich auch Stuttgarter Erfolgen. Ich habe heute gegen die Tochter Mimi geprahlt, wenn sie mit mir zu der Aufführung der „Catharina[1])" dem Papa zur Überraschung nach Stuttgart führe, würde sie bei Mörike statt meiner auf dem Kanapee einquartirt werden. Ist das wahr oder nicht?

Morgen früh werde ich sehr behaglich aufstehen, weil die verdammte Arbeit nicht mehr auf mich wartet. Jetzt muß was her in größerem Maßstab, wenige Figuren, und recht durchgebildete Hände, Köpfe, Falten. Mit der Kohle gezeichnet und leicht gefärbt; das geht auch vom Fleck. Leben Sie tausendmal wohl und gönnen Sie mir die Freude, Ihnen das angenehme Ereignis gleich mitzutheilen. Ein Stein ist vom Herzen.

Ihr alter M. v. Schwind.

M., 7. Dez. 1869.

---

1) Franz Lachner's „Catharina Cornaro," welche damals in Stuttgart aufgeführt wurde.

39. Schwind an Mörike.

Verehrter Freund!

Gratuliren Sie mir, wenn's gefällig ist, zur glücklichen Vollendung der Melusina. Seit gestern ist sie dem verehrl. Publico vorgeworfen, wie es Gebrauch ist, zum Besten des Künstler=Unterstützungs=Vereins. Das war einmal ein festes Stück Arbeit und ich hoffe, der T — wird mich sobald nicht wieder reiten, mich auf ein solches Opus centum camelorum einzulassen. Beiliegend das Programm, das wir dem Verehrlichen in die Hand geben, von mir verfaßt, von Heyse gebilligt. Ueber dem Portal des Wasser=palastes steht:

> Heilig gleich dem höchsten Schwur
> Sei dieses Hauses Geheimniß.
> Eidbruch ist Trennung.

Eben hat mich auf der Stiege eine alte Jungfer abgefaßt und hat mir eine Viertelstunde vorgewinselt, wie schön das sei und welch eine Wohlthat! und welches Entzücken! Prosit. Das wäre alles recht, aber wie macht man's, daß Sie es ansehen? Ein Transport ist ein gräulicher Umstand. Die Geschichte aufzustellen, eine mühsame und bedenkliche Sache, und schicke ich es nach Stuttgart, so liegen schon sechs Briefe bei mir, es zu allen möglichen wohlthätigen Zwecken auszustellen, die ich alle abschlägig bescheiden muß. Alles an diesem Unglücks=Werk ist doppelt so schwierig, als ich mir's gedacht habe! Aber was hilft's! Trotz den trefflich geheizten Wagen kommen Sie doch nicht.

Vor der Hand habe ich gar keine Freude davon. Alle kleinen Erfolge, an die ich gedacht habe, sind in's Wasser gefallen, und die ganze Belohnung wird jetzt eine langweilige Schacherei, bei der ich von vorn herein das Fieber kriege und bei der nichts heraus kommt. Es wird wieder „dem Vortrag des Doré angenähert" werden sollen. Quod aber non. Vor der Hand habe ich mich an Zeichnungen zu einer Prachtausgabe des „Don Juan" gemacht, in der Art, wie die des „Fidelio" (Rieter=Biedermann, Leipzig und Winterthur). Es kriegen zwei Freunde „Kupferstecher" damit etwas zu verdienen. Jedenfalls liegt uns dieser Lumpazi näher, als die Wittelsbacher Hausgeschichte, und auf alle diese Nixenchöre habe ich einen wahren Durst, mich mit ordentlichen Mannsbildern abzugeben. Auch verlangt mich's nach einem größern Format. Ich lasse mich nämlich nur für das Stichrecht bezahlen und behalte die Cartons für mich. Was sagen Sie zu der Verbreitung des „Pfarrhauses von Cleversulzbach?" Sehr aufmunternd? Jetzt bitte aber wieder einmal um ein paar Zeilen; ich habe schon so lange von Ihnen und den Ihrigen nichts gehört.

Ihr ergebenster
M. Schwind.

M., 28. 1. 1870.

Fontes Melusinae.

Der Brunnen der Melusina.

Melusina, aus dem Geschlechte der Wasserfeen, wird der Sage nach von einem Grafen Lusignan an einem einsamen Waldbrunnen gefunden. Trotz der Warnungen ihrer Schwestern erhört sie dessen Liebeswerben und verlobt sich ihm.

Mit glänzendem Gefolge erscheint sie im Thal zum frohen und mißliebigen Staunen der Verwandten und Diener des Grafen, und wird die Seine am Altar.

Am ersten Morgen auf der Burg nimmt sie ihrem Gatten den Schwur ab, unter Androhung ewiger Trennung, sie nie zu stören, wenn sie sich allmonatlich in das geheimnißvoll über Nacht entstandene Haus zurückzieht, wo sie im angebornen Element neue Kraft und Jugend athmet.

Im reichsten Eheglück, gesegnet mit sieben Kindern, genügt das abergläubische Geschwätz des Gesindes — das Kinder und Verwandte belauschen — Neugierde und Mißtrauen des Mannes anzufachen.

Eidbrüchig — läßt er sich verleiten, die geheimnißvolle Halle zu betreten. Jammer und allgemeine Flucht, der Einsturz des Hauses sind das Ende seiner glücklichen Ehe. In einsamer Nacht wird nur noch von Zeit zu Zeit eine trauernde Gestalt an der Wiege der jüngsten Kinder gesehen.

Er ergreift den Pilgerstab und, von Sehnsucht gepeinigt, treibt es ihn an den wohlbekannten Waldbrunnen, wo er die Entflohene findet. Nach Nixensatzung küßt sie ihn zu Tod unter dem Wehklagen ihrer Schwestern.

40. Schwind an Mörike.

Sehr verehrter Freund!

Ein Brief von mir, der die Ausstellung der Melusina meldet, muß sich mit dem Ihren gekreuzt haben. Wünsche alles mögliche Gute in Nürtingen. Es ist schwerer, als man glaubt, einen Aufenthalt wählen; aber vor allem glaube ich, war Ihnen Stuttgart nicht sehr an's Herz gewachsen. Also Glück auf! Gleich heute früh bin ich zu Lachner gegangen, der von dem gefragten Herrn selbst gar nichts wußte, mich aber an die rechte Schmiede schickte, nämlich an Professor Rheinberger, der desselbigen Lehrer ist und dem jede Discretion ohne weiters zugetraut werden muß. Auf dem Nebenblatt[1]) werde ich bemühen, wörtlich aufzuschreiben. Melusina findet großen Beifall. Fast komisch ist es, daß als ganz besondere Merkwürdigkeit immer hervorgehoben wird, daß Einem ein Schauer über den Buckel läuft bei der letzten Umarmung, oder daß Einem das Herz aufgeht, oder kurz, daß sich der Beschauer innerlich erregt

---

1) fehlt.

fühlt. Wer mag ein Buch lesen, oder eine Musik hören, oder ein Drama sehen, ohne einige Erregung zu spüren? Und in unsrer Kunst ist es eine Rarität! Da dank ich. Fragt sich aber sehr, ob mir dieser Umstand nicht zum Fehler angerechnet wird? „Don Juan" macht sich. Finden Sie nicht, daß sich der alte Lachner auf Goethe auswächst?

Mit den schönsten Grüßen
ganz der Ihrige
M. v. Schwind.

M., 31. 1. 1870.

---

41. Mörike an Schwind.

Nürtingen, den 11. Febr. 1870.

Herzlichen Dank, verehrtester Freund, für Ihre glückliche Bemühung in der Gr—schen Angelegenheit? — Die erbetene Auskunft erfolgte so schleunig, war so erschöpfend und bestimmt, daß nichts zu wünschen übrig blieb. — Mich selbst berührt die Sache keineswegs, demungeachtet liegt mir viel daran, daß mein Name (als Mittelsperson) unter keinen Umständen dabei genannt wird, und was Sie in dieser Hinsicht bewirkten, danke ich Ihnen und Herrn L. noch insbesondere recht sehr. —

Die Melusina hätte sich denn also öffentlich erstmals gezeigt und das gehörige Aufsehen gemacht. Das vorläufige Lob-Gestammel, das Ihnen bei der Ausstellung zu Ohren kam (von der Schönheit, die Einem das Gruseln erregt ec.), ist gar nicht zu verachten. — Nun mögen nach und nach die Kunstrichter kommen, um diese unbefangenen Naturlaute, ein Jeder nach Vermögen, mit und wider Willen, auf alle Weise zu variiren, auch etwa dies und jenes daran abzumäkeln, was Sie sehr wenig rühren wird. — Ich für mein Theil muß mich mit der Hoffnung trösten, das große Werk zu seiner Zeit in einer Reproduction zu sehen, die sicherlich nicht ausbleiben wird. —

Da Sie nunmehr am „Don Juan" sind, so fällt mir ein, auf einige neuerdings sehr lebhaft angeregte Fragen aufmerksam zu machen. — Lesen Sie doch im (eingegangenen Cotta'schen) Morgenblatt von 1865 No. 32—34 einen Aufsatz meines Freundes Bernhard Gugler: „Zur Oper Don Juan", so wie in der (gleichfalls eingegangenen Wochenausgabe zur Augsburger Allgem. Zeitung 1867 No. 19 und folg. „Die Handlung im D. J." vom gleichen Verfasser[1]). — Sie haben an diesen wohlgeschriebenen scharfsinnigen Aufsätzen, auch abgesehen von Ihrem eigenen Geschäft, gewiß Ihre Freude; besonders aber könnte den Zeichner unter anderem interessiren, was gegen die auf allen Theatern übliche Betheiligung des Chors im Finale des

---

[1] Rektor B. Gugler, der feinsinnige Musikkenner, berühmt durch seine Bearbeitung des „Don Juan", Mörike's vertrauter Freund und ganz in seiner Nähe auf dem Pragerfriedhof in Stuttgart begraben. Er hat den schönen Nekrolog auf Mörike in Chrysander's Allg. musikal. Zeitg. 1875, Nro 43—44 geschrieben.

1. Actes erörtert ist. — Ich möchte wohl gelegentlich Herrn Lachner's Ansicht gerade über letzteren Punkt erfahren. —

In der Beilage erhalten Sie etwas zur Unterhaltung nach Tisch vor dem Mittagsschläfchen: die Abschrift eines Briefs von dem Ihnen bekannten Stuttgarter Schusterskobold zur Zeit meines Lorcher Aufenthalts an meine Schwester Clara nach Stuttgart gerichtet und vom Elisabethenberg batirt, den Sie mit mir vom Kloster aus auf eine Stunde Wegs gesehen haben [1]).

Ihre Bemerkung über die Persönlichkeit Ihres Freundes ist in der That nicht ohne. — Er hat etwas von dem ruhig imponirenden vornehmen Air Papa Goethe's. Vorzüglich aber fiel mir die angenehme Tiefe seiner Stimme auf. —

Mir und den Meinigen ergeht es bis jetzt an unserm neuen Wohnsitz ordentlich — wär' nur die fürchterliche Kälte nicht, deren man sich kaum erwehren kann.

Mit den besten Wünschen und Empfehlungen nach allen Seiten

Ihr ganz ergebener
E. Mörike.

---

1) Gedruckt in der Schrift: Mörike und Notter von J. E. von Günthert S. 43 ff.

42. Schwind an Mörike.

Sehr verehrter Freund!

Ich hoffe, ich habe Ihnen keinen Schaden damit zugefügt, daß ich Sie zuerst veranlaßte, Ihre Fahrt nach Stuttgart aufzuschieben, und dann nicht kommen konnte.[1]) Es meldete mir ein Herr L... seinen Besuch für Sonntag Morgens an — er käme in der Absicht, die Melusina zu kaufen. Da war nun kein Spaß zu machen. Ich war die Einladungs-Geschichten, die Sorgen und vor allem das miserable Gefühl des herum-Hausirens so satt, daß mir nichts angenehmer sein konnte, als Bild, Verlags-Recht und die ganze Schererei auf einmal los zu werden. Es ist auch so fertig geworden, und inclusive einige Schinderei, ganz zu meiner Zufriedenheit. Es scheint ein sehr ordentlicher Mann und Ihr Freund Kaiser wird als Photograph fungiren.

So wäre denn der widerwärtige Theil dieser Geschichte auch absolvirt. In poeticis zeigt sich jetzt bei mir eine große Ebbe. Don Juan ist im Contur fast fertig: 5 große Kompositionen, 6 kleine Gruppen; fehlen noch einige Naturstudien, die zu machen ich immer zu faul bin. So geht

---

1) Mörike wohnte damals in Nürtingen; dies geplante Zusammentreffen mit Schwind in Stuttgart bei der Melusine-Ausstellung unterblieb, immerhin hat der Dichter das Werk gesehen und schreibt über den Eindruck an seinen Freund Prof. Mährlen: „Die Melusine hat mich innerlichst erquickt, erschüttert und belebt!"

die Zeit hin in einem unentschlossenen Wesen, das nicht schaffen und nicht genießen will.

Soll ich sagen, wie gern ich Sie besuchte? Was kann mich abhalten? Zeit habe ich genug; ein Aufenthalt in Reichenhall soll angetreten werden, wo ich noch weiter von Ihnen bin und mit meiner Frau allein, also noch unbeweglicher — die Reise ist gleich null — das Wetter wird auch gut, und ich bleibe immer hier, um zu verzichten und wieder zu verzichten. Da schlag doch das Donnerwetter drein!

Mich verlangt etwas zu hören, wie Ihnen jene betrübte Nixengeschichte vorkommt. Am Ende ist sie gar nicht so betrübt, denn am Ende ist es gescheidter, in einem schönen Augenblick zu sagen: „sei stille mein Herz", als für sich und andere eine Last Quittungen zu unterschreiben und Zeitungen zu lesen. Leben Sie recht wohl und nehmen Sie mir mein Lamentabl nicht übel. Es wird wohl so der Welt Lauf sein. Vielleicht reiße ich mich doch noch los und erobre mir einen schönen Tag in Ihrer Gesellschaft.

Mit den schönsten Empfehlungen an Ihre Damen

Ihr ergebenster

M. v. Schwind.

M., 18. 4. 1870.

43. Schwind an Mörike.

Sehr verehrter Freund!

Mein letzter Besuch hat gar keinen angenehmen Eindruck hinterlassen. Der Teufel soll den zweiten Stock holen, sammt der finstern Stiege und der Aussicht auf die spanischen Wände von Hausdächern. Hoffentlich sind Anstalten getroffen, sich angenehmer zu placiren [1]).

Was sagen Sie aber zu mir? Ich habe mich mit vieler Mühe und Glück auf's angenehmste eingenistet, mein Pfahlbau am See ist das charmanteste, was man sehen kann, Wald, See und Gebürg. Ein liebenswürdiges gewohntes Atelier, die heimlichsten Plätzchen im Garten, die reizendsten Aussichten in die schöne Ferne — meine schöne Wohnung in der Stadt, König, Akademie — alles auf seinen Platz geschoben, Kritik gebändigt, Geld genug — und nun kommt mir so heilloser Verdruß dazwischen, daß es mir

---

1) Mörike schreibt nach Schwind's Tod einmal an dessen Schüler, den Historienmaler Julius Naue: — „Bei dieser Gelegenheit (bei einem Wohnungswechsel) fällt mir ein artiger Ausdruck von Schwind wieder ein. Ihm wollte mein hiesiger Aufenthalt und insbesondere mein Quartier, das ich jetzt eben verlasse, gar nicht gefallen. Wir standen zusammen am Fenster gegen die Straße, wobei ich ihn doch ernstlich auf das malerische Dachgewinkel der gegenüberstehenden alten Häuser aufmerksam machte, „das selbst ein Ludwig Richter nicht ganz verschmähen würde". „„Ja, ja — versetzte er mit jenem gutmüthigen Spott in den Augen — „„„nur ist es immer ein Unterschied, ob man etwas interessant findet, oder ob man sich damit vermählt!"""

ein graulicher Gedanke ist, je wieder dahin zurückzukehren. Ich habe die Wahl, mich entweder in München zu Tod zu ärgern vor Neid und Entbehrung, gequälte Tage hinzubringen, ohne Poesie und arbeitsunfähig, was der Teufel aushalten mag, oder in meinen alten Tagen in irgend einem fremden Loch ein lausiges Wirtshausleben anzufangen. Und wo ich hinschaue und wie ich mich abquäle — es ist kein Einrichten oder Ausgleichen mehr herauszufinden. Wahrscheinlich ist das die Belohnung für die jahrelange Anstrengung mit der Melusina. Den glänzenden Humor und die Geistesfrische können Sie sich vorstellen. Da können Sie sich ein wenig trösten über Ihre vertrakte Wohnung und über die reizenden Landstraßen um Nürtingen.

Ich sitze in Reichenhall. Ein Vergnügliches habe ich erlebt, daß ich einen geistreichen Mann mit Ihren Gedichten bekannt gemacht habe. Der Kerl ist ganz erwärmt. Melusina war in Mannheim, Heidelberg, Frankfurt — ist dermalen in Wien und erfreut sich überall des gleichen Beifalls. Ich pfeif' ihnen drauf. Hätt' ich lieber meinen alten Frieden.

Uebermorgen reise ich zu meiner Tochter nach Wien (Franziskaner Platz No. 6 bei Dr. Bauernfeind), von da abstecherischer Weise zu meinem Sohn an die untere Donau.

Lachner verheirathet Sohn und Tochter an einem Tage, Anfangs August. Empfehlen Sie mich bestens und werfen Sie den Brief in's Feuer. Es ist wohl dumm, so was zu schreiben, aber alles kann man auch nicht in sich hineinfressen.

Ihr aufrichtig ergebener
M. v. Schwind.

Reichenhall, 7. Juni 1870.

---

44. Frau von Schwind an Mörike.

München, den 3. Dezember 70.¹)

Sehr verehrter Freund!

Dießmal schreibt meine Frau statt meiner; wir wollen versuchen, ob ein solcher Brief nicht geeigneter sei, Ihnen eine Antwort zu entlocken, als einer von mir. Außerdem bin ich seit zwei Monaten in einer argen Discrepanz mit meinen Augen, die mir nicht erlaubt zu schreiben, zu lesen oder gar zu zeichnen; eine Congestion gegen den Kopf hinterließ eine Schwäche der Augenmuskeln, die sich hoffentlich durch fortgesetztes ausgezeichnetes Faullenzen wieder geben wird; — den Augen selbst fehlt nichts.

Zu Ostern war es das letztemal, daß wir uns gesehen haben; Weihnachten ist nicht weit, also ist es angezeigt, wieder anzuklopfen. Seitdem war ich mit meiner Frau 6 Wochen in Reichenhall, dann bis Anfangs Juli in Wien

---

1) Der letzte, diktirte Brief Schwind's an Mörike.

bei meiner Tochter, und gieng von da nach Marienbad, wo ich in der seltsamen Lage war, zu dem schlankeren Theil der Menschheit zu gehören. Leider nöthigte mich der Ausbruch des Krieges, nach kaum 14 Tagen die Kur zu unterbrechen, die mir so vortrefflich angeschlagen hätte. Gott sei Dank! die gefürchteten Turkos blieben aus und ich brauchte nicht, wie ich fürchtete, mit Frau und Tochter irgend wo in's Gebirg zu flüchten, sondern setzte mich an den Starnberger See und arbeitete an den Compositionen zu Grillparzer's Werken, die nun als Entwürfe da liegen. Eine Zeit lang plagte ich mich mit einer Art Gedicht zum Lobe der erstaunlichen Gerechtigkeit des Geschickes und des deutschen Volkes, das seinem Erzfeind einen so schönen Sommersitz anweist, wie die Wilhelmshöhe, und seinen Freund und Wohlthäter in so einem verwünschten Nest wie Nürtingen stecken läßt. Somit haben Sie meine ganze Geschichte und es wäre schön, wenn Sie sich entschlößen, einige Zeilen daran zu wenden, mir eine frohe Stunde zu verschaffen. Trotzdem ich auf's allerbeste versorgt bin und meine Frau sich hinlänglich plagt, mich über'm Wasser zu erhalten, bleiben, bei der ungewohnten gänzlichen Unthätigkeit, gelangweilte, ja melancholische Stunden nicht aus.

Mich Ihren Damen bestens empfehlend, bleibe ich in aufrichtiger Freundschaft Ihr ganz ergebener

M. v. Schwind.

„Mein guter Mann hat mir große Angst und Sorgen gemacht, aber nun geht es, Gott sei Dank! um vieles besser, und nach Ausspruch der Aerzte soll es ja wieder ganz gut werden. Bitte, erfreuen Sie ihn bald mit den sehnlichst er= warteten Zeilen." (Nachschrift der Frau von Schwind.)

---

45. Mörike an Frau von Schwind.

Gestatten Sie, verehrteste Frau, daß jetzt, nachdem der erste Sturm des Ihnen auferlegten schweren Leides einer ruhigen Trauer Raum gegeben haben wird, auch ich mich den vielen Freunden anschließe, die sich, im eigenen Schmerz um den Dahingeschiedenen, gedrungen fühlen, Ihnen ein Zeichen innigster Theilnahme an Ihrem schrecklichen Ver= lust zu geben. — Ich habe keine Worte, um völlig aus= zudrücken, wie diese Todesbotschaft auf mich wirkte. — Sie war um so erschütternder, je unerwarteter sie mir nach jenen letzten, von Ihrer Hand geschriebenen Zeilen kam. — Wie quälend fiel es mir zugleich auf's Herz, daß in der Zwischenzeit kein Wort, kein Gruß mehr hat gewechselt werden sollen, daß überhaupt schon längerher die widrigsten Umstände meinerseits eine gemüthliche Mittheilung nicht mehr aufkommen lassen wollten! — Dieser Gedanke und was mir damit unwiederbringlich verloren ging, trübt mir die Erinnerung an unser schönes Verhältniß, mehr als ich sagen kann! —

Für Sie, verehrte Frau, muß das erhebende Bewußt= sein alles dessen, was Ihnen an der Seite des unvergleich=

lichen Mannes so viele Jahre zu genießen vergönnt war, und was dagegen Sie als treue, so ganz für ihn geschaffene Gefährtin auf seinem nicht immer gleich ebenen, ruhmvollen Lebenswege ihm gewesen sind (ich weiß das aus seinem eigenen Munde), der beste Trost, die vollste Genugthuung sein.

Ich habe ein großes Verlangen, vom Hingang des Verewigten und seiner letzten Krankenzeit wo möglich etwas Näheres zu hören. — Unmittelbar durch Ihre Bemühung soll dies natürlich nicht geschehen; vielleicht jedoch erlauben Sie, daß einer meiner Münchener Freunde auf eine Viertelstunde bei Ihnen vorspreche, um mündlich einzuholen, was ich durch Andere nicht leicht erfahren kann. —

Mich und die Meinigen, die ganz meine Gefühle teilen, Ihrem Wohlwollen empfehlend, verharre ich in größter Verehrung

Ihr ergebenster
Eduard Mörike.

Nürtingen, d. 19. Febr. 1871.

46. Schwind's Tochter an Mörike.¹)

Sehr geehrter Herr!

Verzeihen Sie, daß ich im Namen meiner armen Mutter diese Zeilen an Sie richte. Sie selbst ist noch nicht im Stande, Ihrem Wunsche zu entsprechen und Ihnen Nachricht über die Krankheit und den Tod unsers guten theuern Vaters zu geben.

Unser lieber Vater war nur eilf Tage krank; anfänglich bekam er einen heftigen Anfall von Athemlosigkeit, wobei er furchtbar litt und wir Alle glaubten, er müßte sterben. Doch wurde ihm nach einigen Stunden leichter, nur blieb natürlich eine große Schwäche zurück. Die Aerzte sagten, bei diesem Anfall sei ein kleines Gefäß in der Lunge gesprungen und es sei eine Entzündung dazu gekommen. Diese Entzündung hat sich nach acht oder neun Tagen wieder gehoben, und so hatten wir doch wieder Hoffnung, des Theuren Leben zu erhalten, trotz der immerwährenden Erstickungsanfälle, die ihn quälten. Doch sagten uns die Aerzte immer, sie hätten die größte Sorge, ob das Herz, das sehr schwach und stark verfettet sei, die Krankheit aushalten könne.

---

1) Am 8. Febr. 1871 war Moritz von Schwind gestorben. Seine Tochter, Frau Dr. Bauernfeind, theilte Mörike die im vorigen Briefe gewünschten Einzelheiten mit.

Ihre Befürchtungen waren leider nur zu begründet. Am 8. gegen $^1/_2$5 Uhr Nachmittags lehnte er sich plötzlich in seinen Stuhl, in dem er saß, zurück, that ein paar schwere Athemzüge, und ohne Kampf oder Schmerz, mit friedlich verklärtem Angesicht entschlief er. Wir verlieren den besten liebevollsten Vater, unsre Mutter den edelsten Gatten. Schenken Sie, verehrter Herr, dem theuren Verblichenen ein gutes Andenken; er hat Sie ja auch so hoch geschätzt u. s. w.

München, 20. 2. 71.

* * *

Im Sommer erhielt Mörike von Julius Naue den Stich von Schwind's „Germania" und die ergreifende Zeichnung Naue's, die den Meister auf dem Totenbett darstellt. Mörike antwortete am 17. Juni 1871:

„An Pfingsten hatte ich nach einer schlechten Nacht weit in den Tag hinein geschlafen. Da wurde mir ein Zeitungstelegramm, die jüngsten Gräuelthaten der Pariser enthaltend, auf's Bett gelegt. Erschüttert und entsetzt dacht' ich den Dingen eine Zeit lang nach und nun kam Ihre mächtige Rolle. Begreiflich litt es mich jetzt nicht länger in den Federn mehr. Welch' eine Überraschung! Zufällig war es „die Germania", die mir zuerst vor Augen kam und die mir über jenem Höllengraus wie eine himmlische Erscheinung, recht wie ein lichter frischgewaschener Stern am Horizont aufstieg!" — —

„Und nun sein Todtenbild! Darüber möcht' ich lieber gar nichts sagen. Beim ersten Blick darauf schoß mir das Wasser in die Augen; dann aber ging das herbe persön= lich gemischte Schmerzgefühl alsbald in jene andere allge= meine, nur noch rein schöne und erhabene Empfindung über, die hier allein zu herrschen hat."